발레
파드되
클래스

출판사 클의 책을
만나보세요.

발레 파드되 클래스

사진과 함께 배우는 단계별 2인무 연습법

1판1쇄 펴냄 2025년 10월 15일

지은이 원자승 이단비

사진 페이톤플래닛 스튜디오
무용수 김조흔 임형진(한국예술종합학교 무용원)
동작지도 김현웅(한국예술종합학교 무용원 교수)

펴낸이 김경태
편집 조현주 홍경화 강가연
디자인 박정영 김재현 | **마케팅** 유진선 정보경
펴낸곳 (주)출판사 클
출판등록 2012년 1월 5일 제311-2012-02호
주소 03385 서울시 은평구 연서로26길 25-6
전화 070-4176-4680 | 팩스 02-354-4680 | 이메일 bookkl@bookkl.com

ISBN 979-11-94374-47-3 93680

사진과 함께 배우는 단계별 2인무 연습법

발레
파드되
클래스

원자승, 이단비

일러두기

- 발레 용어 등 외래어는 국립국어원의 외래어표기법을 따랐으나, 필요한 경우 관용적 표기를 따랐다.
  또는 '이 책에 나오는 발레 용어' 페이지에 관용적 표기도 함께 기입했다.

프롤로그

파드되 연습에 들어가기 전에

파드되pas de deux는 '춤으로 하는 두 사람의 대화' 즉, 2인무이다. 발레에서는 2인무를 '파드되'라고 부르는 건 프랑스어로 파pas가 걸음, 되deux가 숫자 2를 뜻하기 때문이다. 그런데 파드되라는 단어 안에 성별의 의미까지 담겨 있지 않다. 남성과 남성, 여성과 여성이 추는 2인무도 파드되라고 부른다. 다만, 클래식발레라고도 부르는 19세기 고전발레 작품은 주로 남녀 간의 사랑과 결혼을 주제로 다루고 있기 때문에 파드되는 남성과 여성의 2인무인 경우가 대부분이다. 그래서 이 책에서도 고전발레 속 남녀 파드되를 중심으로 설명한다.

고전발레 작품에서는 주인공들의 만남, 사랑, 이별의 과정과 결혼식의 장면인 그랑 파드되에서 2인무가 펼쳐진다. 그랑 파드되는 앙트레, 아다지오, 솔로 바리아시옹, 코다 이렇게 총 네 부분이 한 세트로 이뤄지고 온전하게 2인무로 이뤄지는 건 아디지오 부분이고, 코다에서 남녀 무용수가 각각 솔로를 선보이다가 함께 추는 춤으로 마무리되는 경우도 있다. 총 4악장으로 구성된 클래식 음악 교향곡에서 각각의 악장은 다른 느낌이라 별개의 곡 같지만, 네 개의 악장 모두를 합쳐서 하나의 곡이 되는 것처럼, 그랑 파드되도 이 네 가지 부분이 전부 합쳐져서 하나의 2인무로 완성된다.

파드되를 추기 위해서는 먼저 혼자서 무게중심과 균형을 잘 잡고 독무를 충분히 소화할 수 있어야 한다. 자신의 몸과 춤을 컨트롤할 수 있어야 상대방과 중심, 간격, 호흡을 맞춰 춤출 수 있기 때문이다. 따라서 이 책은 발레 전공생이나 비전공생이어도 꾸준히 발레를 해온 사람에게 추천한다. 이 책은 난도별로 구성되어 있어 성급하게 뒷부분을 연습하기보다 첫 단계인 플로어부터 정확하게 익혀나가는 게 좋다.

이 책에 나오는 발레 용어

그랑 롱 드 장브 grand rond de jambe

그랑 바트망 드방 grand battement devant

그랑 바트망 주테 grand battement jeté

그랑 아상블레 grand assemblé

그랑 주테 grand jeté

그랑 주테 앙 투르낭 grand jeté en tournant

그랑 탕 리에 grand temps lié

그랑 파 드 바스크 grand pas de basque

그랑 파드되 grand pas de deux

그랑 파 드 샤 grand pas de chat

그랑 포르 드 브라 grand port de bras

그랑 푸에테 grand fouetté

그랑 푸에테 소테 grand fouetté sauté

그랑 푸에테 앙 투르낭 grand fouetté en tournant

데블로페 développé

데블로페 아 라 스공드 développé à la seconde

드미플리에 demi-plié

디베르티스망 divertissement

르베 levé

를르베 relevé

리프트 lift

바 bar

바트망 데블로페 battement développé

바트망 수트뉘 battement soutenu

샹주망 드 피에 changements de pieds

서포트 support

세네 chaîné

소 드 바스크 saut de basque

소테 sauté

솔로 바리아시옹 solo variation

수브르소 soubresaut

수쉬 sous-sus

수트뉘 soutenu

쉬르 라 푸앵트 sur la pointe

쉬르 르 쿠드피에 sur le cou-de-pied

쉬르 레 푸앵트 sur les pointes

시손 sissonne

시손 통베 sissonne tombé

시손 페르메 sissonne fermé

아 라 스공드(알라스공) a la seconde

아다지오 adagio

아라베스크 arabesque

아상블레 assemblé

앙 드당 en dedans

앙 드당 투르 프레파라시옹 en dedans tour préparation

앙 드오르 en dehors

앙 바 en bas

앙 아방 en avant

앙 오 en haut

앙 파스(앙 파세) en face

앙 파스 데리에르 en face derrière

앙 파스 드방 en face devant

앙 파스 아 라 스공드 en face à la seconde

앙트레 entrée

아티튀드 attitude

아티튀드 알롱제 attitude allongée

아티튀드 에파세 attitude effacée

아티튀드 크루아제 attitude croisée

에카르테 écarté

에카르테 데리에르 écarté derrière

에카르테 드방 écarté devant

에파세 effacé

에파세 데리에르 effacé derrière

에파세 드방 effacé devant

에폴망 épaulement

오프밸런스 off-balance

주테 jeté

주테 앙트르라세(주테 앙트라세) jeté entrelacé

카브리올 cabriole

캉브레 cambré

코다 coda

콤비네이션 combination

쿠드피에 cou-de-pied

크루아제 croisé

크루아제 데리에르 croisé derrière

크루아제 드방 croisé devant

크루아제 드방 아 테르 croisé devant à terre

크루아제 드방 탕뒤 croisé devant tendu

탕뒤 tendu

탕 르베 temps levé

턴아웃 turn-out

턴인 turn-in

통베 tombé

투르 tour

투르 드 프롬나드 tour de promenade

투르 랑 tour lent

투르 수트뉘 tour soutenu

투르 앙 드오르 tour en dehors

투르 앙 레르 tour en l'air

튀튀 tutu

티르부숑 tire-bouchon

파 글리사드 pas glissade

파드되 pas de deux

파 드 바스크 pas de basque

파 드 부레 pas de bourrée

파 드 부레 앙 투르낭 pas de bourrée en tournant

파 발랑세 pas balancé

파 발로네 pas ballonné

파 샤세 pas chassé

파 시손 pas sissonne

파 아상블레 pas assemblé

파 쿠뤼 pas couru

파 통베 pas tombé

파세 passé

파이 failli

팡셰 penché

포르 드 브라 port de bras

포즈 pose

퐁뒤 fondu

푸에테 fouetté

푸에테 소테 앙 투르낭 fouetté sauté en tournant

푸에테 앙 투르낭 fouetté en tournant

프레파라시옹 préparation

프롬나드 promenade

플로어 floor

플리에 plié

플릭플락 flic-flac

플릭플락 앙 투르낭 flic-flac en tournant

피루엣 pirouette

목차

준비

파드되를 하기 위한
포지션과 방향

발 포지션

1번 발 포지션

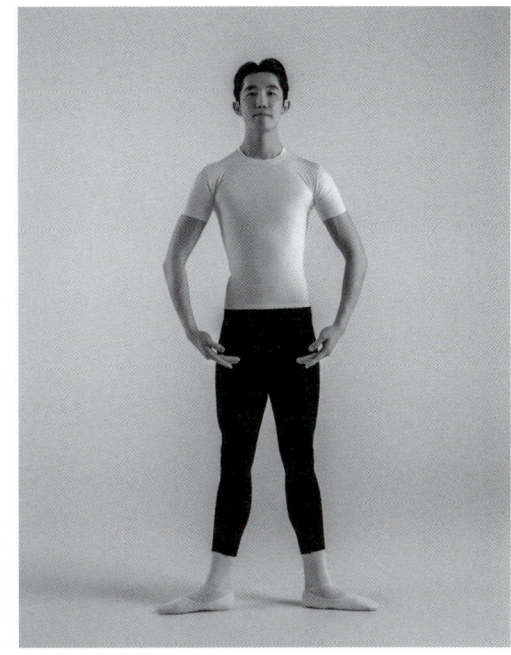

2번 발 포지션

4번 발 포지션

5번 발 포지션

팔 포지션

러시아식 용어와 프랑스식 용어를 순서대로 표기했다.

팔 준비자세, 앙 바

1번 팔 포지션, 앙 아방

2번 팔 포지션, 아 라 스공드

3번 팔 포지션, 앙 오

자세에 따른 몸과 다리의 방향

앙 파스 드방

앙 파스 아 라 스공드

앙 파스 데리에르

크루아제 드방

크루아제 데리에르

에파세 드방

에파세 데리에르

에카르테 드방

에카르테 데리에르

무대에서의 몸 방향

관객석, 거울

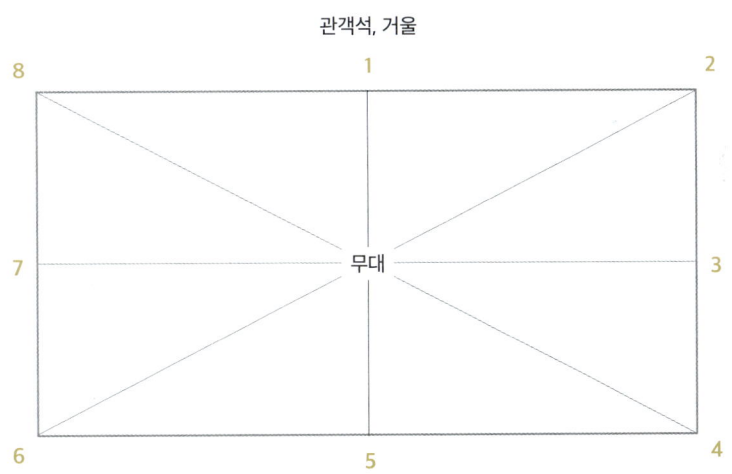

러시아 바가노바 발레 메소드의 몸 방향이며,
이 책의 연습방법은 이 방향을 기준으로 여성의 몸 앞판이 향하는 방향을 설명한다.

아라베스크

1번 아라베스크

2번 아라베스크

3번 아라베스크

4번 아라베스크

파드되의 손과 팔의 자세

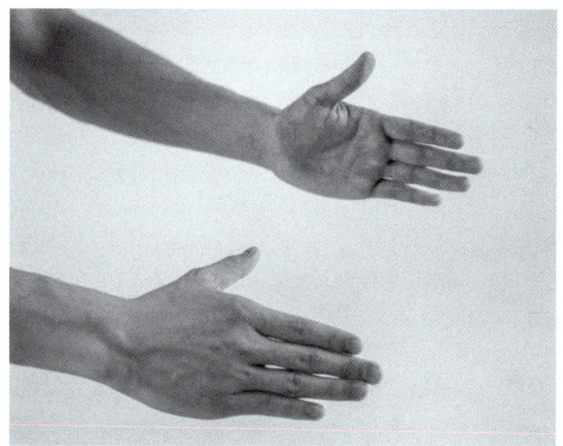

여성의 몸통을 잡을 때 남성은 엄지손가락을 벌린다

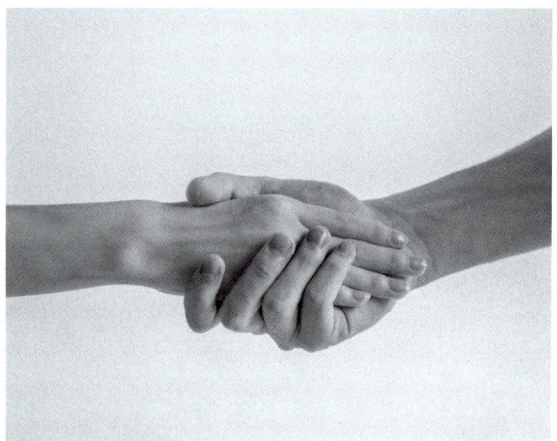

두 사람이 손을 마주 잡을 때 수평을 유지한다

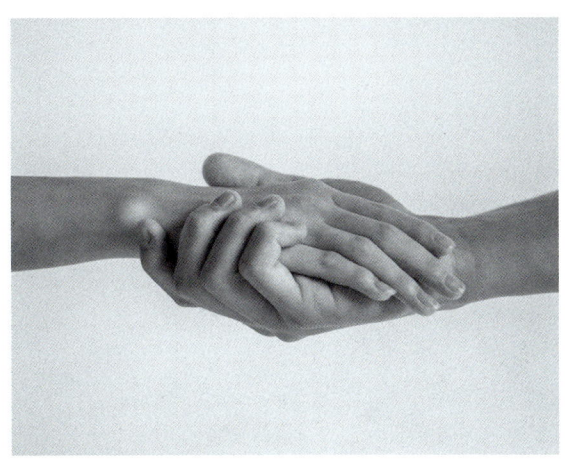

투르를 할 때 두 사람의 손 모양

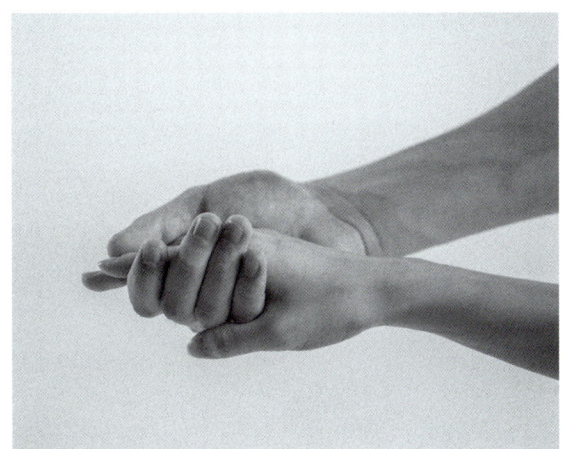

왈츠와 스텝을 할 때 두 사람의 손 모양

밸런스balance 잡을 때 두 사람의 손 모양

파드뇌의 첫 단계,
기본동작, 연결동작,
서포트의 기본동작

1부

발레는 하늘을 향하는 춤이라 흔히 중력과 싸우는 춤이라고 말하지만 땅을 무시하고 하늘로 오를 수 없다는 점을 기억해야 한다. 우리가 플리에와 탕뒤를 연습하는 건, 결국 소테나 그랑 주테와 같이 하늘로 뛰어오르는 동작을 잘 수행하기 위해서이다. 즉, 플로어에서 행하는 기본자세와 동작들을 명확하게 익히는 건 발레에서 추구하는 춤의 언어를 몸 안에 새기는 일이며, 작품에서 요구하는 다양한 동작들과 연기를 소화할 수 있는 기반을 만드는 일이다.

1부에서는 파드되의 기본을 배우게 된다. 파드되의 기본자세, 기본동작을 비롯하여 메인동작을 이어주는 연결동작을 익힌다. 그리고 파드되를 할 때 남성이 여성을 서포트하는 방법, 여성이 남성의 서포트를 받는 방법을 연습할 것이다.

1

파드되의 기본

발레에서 가장 중요한 점은 '잘 서 있기'이다. 다양하게 움직이고 감정을 풍부히 표현하기 위해서 균형을 잡고 잘 서 있는 것이 핵심이자 기본이다.

연습실이나 무대 바닥(플로어)에서 남성이 여성을 서포트할 때 가장 중요한 것은 여성이 균형을 잡도록 돕는 데 있다. 여성은 포인트슈즈를 신고 파드되를 하기 때문에 포즈를 유지하거나 다른 동작으로 바꿔야 할 때 흔들릴 수 있기 때문이다.

여성의 몸이 바닥에서 떨어져서 하늘로 향할수록, 남성과 여성의 몸이 밀착되는 지점에서 둘의 거리가 멀어질수록 파드되의 난도가 높아진다. 연습실 바닥에서부터 서포트의 기본을 잘 배워야 이후 파드되의 난도가 높아져도 쉽게 익힐 수 있고 부상의 위험도 줄일 수 있다. 그리고 각 기술과 동작은 단편적으로 떨어져 있는 것이 아니라서 물 흐르듯이 이어지도록 연습해야 한다. 교사도 여러 동작으로 이뤄진 콤비네이션이 자연스럽게 연결되도록 지도해야 한다.

파드되의 기본규칙

① 팔다리의 각 부분과 몸통은 서로 자연스러운 관계를 유지해야 하며 균형의 중심선을 따른다.

② 팔이나 다리가 균형의 중심선을 지나치게 교차하거나 벗어나게 해서는 안 된다. 특히 남성이 여성의 어깨나 가슴 쪽에서 들어 올릴 때 이 점이 가장 중요하다.

③ 무용수의 머리는 몸에서 가장 무거운 부분이므로 항상 동작을 이끌어야 하고, 발은 반드시 머리를 따라 움직여야 한다. 즉, 움직임을 예상하며 머리가 가장 먼저 움직이고 발은 그 방향과 움직임을 따른다.

④ 팔은 절대 몸통이나 어깨 뒤로 넘어가서는 안 된다. 만약 그렇게 되면 무게중심이 너무 뒤로 쏠리게 된다. 간혹 모던발레에서의 리프트 동작 중 팔이 뒤로 가는 경우가 있기는 하지만, 그런 예외적인 경우를 제외하고는 반드시 남성과 여성 사이의 당기고 밀어내는 힘의 균형counterpoise을 정확히 찾아서 중심을 잘 잡을 수 있도록 한다.

⑤ 남녀가 서로의 리듬을 이해하는 것은 중요하다. 서로의 리듬을 간파하여 그에 맞춰 동작을 정확하게 조율해야 하는데, 그것이 움직임에 생명력과 음악적 느낌을 부여한다.

⑥ 남녀가 서로의 템포를 이해하고 반응하는 것도 중요하다. 템포는 음악의 '강세force'와 '흐름impetus'에 크게 좌우된다. 리프트, 회전, 혹은 스텝을 수행하는 데 필요한 추진력은 결국 음악에 대한 두 사람의 공동 반응에 의해 완성된다.

⑦ 남성은 여성의 움직임을 '느낄 때feeling'와 여성을 제자리에 유지하기 위해 '지탱할 때holding'의 미묘한 차이를 반드시 이해한다. 예를 들어 여성을 어떤 자세로 들어 올릴 때에는 남성은 여성의 골반이 어떻게 기울어졌는지 '느껴야' 한다. 그리고 피루엣을 여러 번 도는 동안 여성이 중심을 잘 잡고 있는지를 '느껴야' 한다. 그러나 피루엣이 끝나면 여성을 어깨 위로 들어 올리거나 투르 랑 같은 단순한 동작을 할 때에도 확실하게 '지탱해야' 한다.

⑧ 파드되의 모든 형태에서 호흡은 매우 중요하므로 남녀 모두 깊이 호흡하는 법을 배워야 한다. 폐의 세 부분 전체를 사용하여 갈비뼈가 옆으로 확장되고 수축되도록 호흡한다. 위아래로만 움직여서는 안 된다. 따라서 여성의 갈비뼈 아랫부분을 남성의 손이 절대 누르지 않도록 한다. 또한 정확한 호흡의 타이밍을 이해하는 것도 중요하다. 이를 위해 잠시 숨을 멈췄다 깊게 들이마시는 호흡을 여러 번 반복한다. 그 뒤 호흡과 멈춤의 타이밍을 바꿔본다. 이런 방법을 모든 연습에 적용하면, 파드되 동작 직후의 빠른 호흡과 그 뒤 다시 들이마시기 전 잠깐의 정지가, 완성된 포즈를 안정적으로 유지하는 데 도움이 된다는 것을 알게 될 것이다.

파드되의 기본자세

파드되의 기본자세는 남성이 여성 뒤에 서서 여성의 허리를 양손으로 잡고 지탱하는 것이다. 이때 남성은 여성의 허리선을 따라서 잡되, 엄지손가락은 등의 한가운데를 가로지르는 척주기립근(척주세움근)에 놓고 손바닥은 허리에 붙인다. 팔꿈치는 아래로 내리고, 다리는 너무 턴아웃이 되지 않은 자연스런 2번 발 포지션으로 한다. 이때 남성의 손과 손가락이 경직되면 여성이 중심을 잡고 동작을 하는 데 방해가 되므로 편안함을 유지한다. 발레가 결국 '바르게 서는 것'에서 시작하는 춤이라면 앞서 말한 기본자세는 파드되를 펼치기 위한 가장 기초공사이다. 1-1~2

파드되의 기본동작

기본자세가 만들어졌다면 파드되의 기본동작을 해볼 수 있다.

- 남성이 양손으로 여성의 허리를 잡는 동작
- 서로의 양손을 잡는 동작
- 남성이 한 손으로 여성의 손이나 허리를 잡는 동작

이 기본동작들은 다음의 경우에 유용하게 사용할 수 있다.

- 정지된 동작을 할 때
- 파세, 그랑 롱 드 장브 등의 동작을 이용해서 자세를 바꿀 때
- 보조적인 연결동작들을 통해 다른 자세로 바꿀 때
- 제자리에서 피루엣, 투르, 투르 랑, 정면 방향의 캉브레, 포르 드 브라를 할 때
- 여성이 파드되 장면의 첫 자세로 되돌아올 때

1-1
1-2

2

연결동작

발레는 흔히 '선의 예술'이라고 불린다. 발레가 몸의 선이 중요한 춤이기 때문이기도 하고, 동작들이 촘촘히 이어져 하나의 수려한 선을 이뤄야 하기 때문이기도 하다. 파드되에서 연결동작들은 이런 점에서 중요하다. 연결동작은 메인동작이라고 보기는 어렵지만, 각각의 동작들을 하나의 선으로 이어지게 만든다. 메인동작들을 점이라고 한다면 연결동작들은 그 점들을 이어주는 실이고, 메인동작들을 보석이라고 한다면 연결동작들은 그 보석들을 이어 목걸이로 탄생하게 만드는 지지대이다.

연결동작은 파드되 장면을 완성하는 데 있어서 다음 세 가지 주요한 역할을 한다. 메인동작을 연결해주고, 파트너에게 자연스럽게 다가가는 데 쓰이며, 파트너나 자신의 무게중심을 옮기는 데에도 유용하다. 분절된 동작과 호흡은 연결동작을 통해 이어진다. 파드되에서 연결동작을 잘 연습해서 활용하면 아름다운 선을 완성할 수 있다.

를르베
＼ 무게중심을 이동하기 ／

파드되에서 를르베는 무게중심을 이동할 때 하는 동작이다. 리프트, 피루엣, 아다지오 등 여러 메인동작들을 연결하는 중요한 출발점이다. 즉, 파드되의 흐름을 이어주는 다리 역할을 한다.

파드되를 처음 배울 때 여성은 천천히 를르베를 연습해야 한다. 마치 처음 포인트슈즈를 신고 훈련할 때 바를 잡고 를르베 동작을 느리게 수행하는 것과 마찬가지이다. 파드되에서는 바 대신 남성이 있을 뿐이다. 특히 여성이 한 다리로 를르베를 하고 드미플리에로 내려오는 동안, 여성은 포인트슈즈 위에 제대로 서고 무게중심을 정확하게 옮겨야 한다. 이때 남성은 여성이 중심을 잡을 수 있도록 도와준다. 를르베는 균형의 상징이기에 여성이 를르베로 발끝으로 올라간 순간 남성의 서포트가 있더라도 스스로 균형을 잡을 줄 알아야 한다.

여성이 를르베를 하기 전에는 남녀가 함께 플리에로 시작한다. 플리에, 드미플리에, 를르베까지 무게중심이 흔들리지 않도록 연습한다. 양다리로 서는 경우와 한 다리로 서는 경우, 두 가지 를르베를 연습한다.

2-1
2-2

파드되에서의 를르베 연습

5번 발 포지션에서 양다리로 를르베를 할 때 남성은 여성이 중심을 유지하도록 도와주면서 양손으로 여성의 허리를 잡고 지탱해준다.

5번 발 포지션에서 한 다리로 를르베를 할 때 우선 남성은 여성의 상체를 조금 들어 올려서 여성의 무게중심이 두 다리에서 한 다리로 옮겨지도록 돕는다. 2-1 여성이 포인트슈즈에서 내려와 5번 포지션으로 마무리할 때 여성은 혼자서 드미플리에로 내려와서는 안 된다. 여성은 무게중심이 실린 다리를 바닥에 내려놓을 때 완전히 턴아웃 상태가 되도록 발뒤꿈치가 안쪽을 향하며 내려와야 한다. 그때까지 남성은 여성의 허리를 잡고 기다려준다. 이후에 여성은 드미플리에로 마무리한다. 2-2

같은 방법으로 2번, 4번 발 포지션으로도 를르베를 연습한다.

파 드 부레, 파 쿠뤼, 파 샤세, 플릭플락
＼ 메인동작을 연결하기 ／

대표적인 연결동작으로는 파 드 부레, 파 드 부레 앙 투르낭, 파 쿠뤼, 플릭플락, 플릭플락 앙 투르낭, 파 샤세를 꼽을 수 있다. 를르베가 파드되를 지탱하는 기초공사라면 이 동작들은 메인동작을 빛나게 하는 고리들로써 춤을 완성한다.

처음 연습할 때는 이 동작들을 하나씩 따로 습득하고, 이후에는 콤비네이션에 포함시켜서 메인동작과 자연스럽게 조화를 이루도록 만든다. 파드되 안에서 연결동작을 할 때 남성은 여성이 턴을 돌거나 드미플리에를 하면서 똑바로 서 있을 수 있도록 도와주는 연습을 해야 한다.

각 동작을 할 때 주의할 점

- **파 드 부레**: 남성은 양손으로 여성의 허리를 잡고 지탱할 때 여성의 뒤에 있거나 옆에 선다. 남성은 여성의 동작들을 함께 따라 하면서 여성의 무게중심을 옮기는데 이때 파 드 부레 동작을 활용해서 중심을 옮길 수 있다. 여성은 무게중심을 바꾸면서 발바닥으로 내려올 때 느리게 움직이는데 이때 남성은 여성의 무게중심을 발끝에서 발바닥 전체로 옮겨준다. 그리고 여성은 에폴망 자세에서 파 드 부레를 하면서 발을 바꿀 때 몸의 방향도 바꿔준다. 이때 남성은 가고자 하는 방향으로 여성의 몸을 약간 회전시킨다.

- **파 드 부레 앙 투르낭, 플릭플락 앙 투르낭**: 파 드 부레 앙 투르낭, 플릭플락 앙 투르낭을 할 때는 남성의 도움이 필요하다. 남성은 여성의 허리선을 따라 미리 손을 옮겨놓고서 여성이 가볍게 제자리 턴을 할 수 있도록 도와줘야 한다. 이때 남성은 여성이 회전하고자 하는 방향이 아니라 반대쪽으로 손을 옮겨놓아야 하고, 제자리 턴이 끝났을 때는 정해진 포즈에서 여성을 멈춘다.

- **파 쿠뤼, 파 샤세**: 파 쿠뤼, 파 샤세 동작을 연습할 때 남성은 여성과 간격을 정확하게 맞춰서 동작을 같이한다. 파드되는 두 사람이 한 몸처럼 움직이듯이 조화를 이뤄야 하는 것이 기본이므로 두 사람의 간격이 흐트러지지 않고 함께 움직이는 것은 중요하다.

파 발랑세, 파 글리사드
＼ 파트너에게 다가가기 ／

앞서 언급한 동작들 외에 중요한 연결동작으로 파 발랑세와 파 글리사드를 꼽을 수 있다. 이 두 동작은 앞에서 이야기한 동작들처럼 메인동작을 연결할 때 사용하지만 파트너에게 다가가는 동작으로도 사용한다. 콤비네이션을 할 때 모든 방향에서 연습해야 하는 것도 특징이다.

파 발랑세는 '흔들리며 이동하다'라는 뜻으로 리듬감 있는 3박자 스텝으로 앞뒤 또는 좌우로 몸을 부드럽게 흔들며 이동하는 동작이다. 여성이 포인트슈즈를 신고 몸의 균형을 잡고 서 있는 경우도 있고, 균형을 잡은 상태로 제자리에서 돌기도 하기 때문에 정지와 이동, 두 가지 상반된 움직임의 성격을 모두 갖고 있는 동작이다. 파 글리사드는 '미끄러지다'라는 뜻으로 한 발에서 다른 발로 가볍게 미끄러지듯 이동하는 점프성 연결동작이며, 파트너에게 다가가는 이동동작의 기본이다.

여성이 남성 주위에서 이 동작들을 할 때, 남성은 자신의 중심축 주위를 계속해서 돌거나 움직이지 않고 서 있는다. 여성이 남성의 주위를 돌면서 포즈를 취하거나 여성이 혼자 동작을 수행한 후 동작을 끝낼 때 남성은 여성이 중심을 지탱할 수 있도록 잡아준다.

파 글리사드를 할 때 주의할 점

파 글리사드는 파트너에게 다가갈 때 특히 유용하게 쓰인다. 파트너에게 다가가는 방법으로 이 동작을 수행할 때는 다음 내용을 주의한다.

- 남성이 제자리에 서 있을 경우, 여성은 파 글리사드를 했을 때 남성이 자신을 잘 잡을 수 있는 위치에 선다.
- 만약 두 사람이 동시에 서로를 향해 움직이는 장면이라면, 서로 편안한 위치에서 만나고 잡을 수 있게 다가간다.
- 여성이 주테와 같은 점프동작을 하기 위해 그 연결고리로서 파 글리사드를 할 경우, 남성은 여성의 뒤에 서서 여성이 동작을 시작할 때까지 이동하는 방향으로 몸의 반 정도를 내밀고 있다. 여성이 점프하는 순간 정확하게 남성의 앞에 있도록 여성과 동시에 움직인다.

데블로페, 파세, 그랑 롱 드 장브, 팡셰

\ 점진적으로 다리를 움직여서
선을 만드는 동작 /

데블로페

데블로페는 동서남북과 그 사이를 잇는 대각선 방향까지 총 여덟 방향으로
45도 혹은 90도 이상 다리를 들어 올리는 동작이다. 2-3 남성은 여성이 데블
로페를 할 때 중심을 잘 잡을 수 있을 때까지 도와줘야 하는데 여기서 가장
기본은 여성의 무게중심을 서 있는 다리 쪽으로 옮겨주는 일이다. 그리고
여성이 들어 올린 다리를 내릴 때 상체는 첫 자세로 돌아와야 한다.

2-3

데블로페 연습

① 여성은 몸 방향을 정면으로 하고 오른쪽 다리를 앞에 둔 5번 포지션으로 서고, 팔은 준비자세로 만든다.

② 남성은 여성 뒤에 서서 양손으로 여성의 허리를 잡는다.

③ 여성은 드미플리에를 거쳐 를르베를 하고 앞으로 오른쪽 다리를 뻗는 데블로페 동작을 한다.

④ 데블로페 동작을 시작하기 전에 여성은 중심을 두 다리에 두며 서 있고, 데블로페 동작을 시작할 때 남성은 여성의 왼쪽 다리로 무게중심을 점차적으로 옮긴다. 이때 남성은 여성의 중심이 흔들리지 않게 자세를 유지시키며 동작이 끝날 때까지 여성의 중심을 계속해서 잡아준다.

⑤ 마지막에 여성의 다리가 5번 포지션으로 내려오는데 여성의 상체는 첫 자세로 돌아온다.

⑥ 동작을 끝낼 때에는 두 사람 모두 드미플리에를 한다.

파세

파세는 한쪽 다리를 구부려서 반대쪽 다리의 무릎 가까이에 발을 두어 여성의 무릎이 삼각형 모양을 유지하는 자세를 말한다. 파세에서 여성이 무릎을 구부릴 때, 남성은 흔들리지 않는 자세를 유지하면서 여성이 축이 되는 다리로 무게중심을 옮길 수 있도록 도와준다.

그랑 롱 드 장브

그랑 롱 드 장브는 여성이 크루아제 드방에서 아 라 스공드를 거쳐 아라베스크를 수행해 다리로 유선형의 큰 선을 이뤄내는 자세를 말한다. 남성은 여성의 무게중심을 움직이는 다리의 반대쪽으로 옮기면서 여성이 흔들리지 않게 자세를 유지할 수 있도록 도와준다. 그랑 롱 드 장브는 여성이 흔들리지 않는 상태에서 수행할 수 있다.

팡셰

팡셰는 여성이 한 다리로 서서 상체를 앞으로 숙이며 내려가는 동작이다. 그랑 포르 드 브라라고도 한다. 여성이 한 다리로 서서 해야 하는 동작으로 파드되에서 여성이 파트너 없이 해낼 수 없는 동작이다.

팡세 연습

① 여성은 3번 방향을 향하며 오른쪽 다리를 축으로 한 1번 아라베스크 동작을 하고 남성은 양손으로 여성의 허리를 잡고 그 뒤에 선다. 2-4

② 여성은 앞 방향으로 팡세를 한다.

③ 남성은 여성의 서 있는 다리 쪽으로 무게중심을 옮겨주고, 여성은 남성이 지탱해주는 것을 느끼며 몸을 앞쪽으로 내린다. 남성은 내려가 있는 여성의 포즈를 지탱해주면서 동작을 할 수 있게 도와준다.

④ 여성이 처음 자세로 돌아올 때, 남성은 여성의 중심이 흔들리지 않도록 무게중심이 오른쪽 다리로 옮겨지도록 잡아준다.

2-4

포즈
╲ 동작과 장면을 완성하는 힘 ╱

춤은 멈추지 않고 계속 이어지지만 포즈는 그 움직이는 에너지와 동작을 한 순간 붙잡아 마치 한 장의 사진처럼 남긴다. 그래서 포즈는 작품의 어떤 장면이나 특정한 동작에서 하이라이트나 마무리 자세가 되기도 한다. 포즈는 이전까지의 동작들이 모여 하나의 완성된 형태를 만들어내는 순간이며 균형의 정점이라고 말할 수 있다. 정지 속의 긴장이라고 표현할 수 있는데 움직임이 멈춘 것 같아도 여성은 발끝, 코어, 시선까지 모두 에너지를 유지해야 하므로 '살아 있는 정지'가 된다.

파드되에서 포즈를 만들 때 여성의 주의사항

여성은 여러 가지 방법과 자세로 동작을 하고 나서 정해진 포즈를 취하게 되는데, 앞에 수행한 동작의 연결과 그 장면의 특징을 고려해서 작은 포즈나 큰 포즈를 취하게 된다. 이때 작은 포즈는 섬세한 미로 동작을 완결하고, 큰 포즈는 화려하고 시원하게 장면을 마무리한다. 여성은 포즈 동작을 남성의 서포트 없이 할 수도 있다.

여성은 포즈를 만들 때, 등과 어깨를 열고 코어를 통해 단단하게 풀업 자세를 유지하며 완벽하게 다리를 펴서 발끝까지 고정시키는 힘이 있어야 한다. 그리고 남성과 연결되는 모든 동작과 포즈에서 남성에게 매달리는 게 아니라 가볍게 지지를 받는 느낌을 가져야 한다.

만약 남성이 제자리에 서 있고 여성이 남성 쪽으로 다가갈 때 여성은 포즈를 하기 편안한 자세가 나오도록 자신의 연결동작의 간격을 잘 생각해야 한다. 이때 파트너들이 서로를 향할 때 적당한 지점에서 멈춰야만 한다. 그래야만 남성이 한 발자국 멀어져서 여성을 편하게 잡아줄 수 있다.

파드되에서 포즈를 만들 때 남성의 주의사항

남성은 작은 포즈이든 큰 포즈이든 어떤 자세에서도 여성을 서포트할 수 있도록 훈련해야 한다. 남성은 여성의 앞뒤나 옆에 서서 포즈를 취한 여성을 서포트한다. 아름답고 정확한 포즈로 마무리되도록 도와주는 것이다. 만약 큰 포즈로 이동할 경우에는 양손으로 여성의 허리를 잡는다. 2-5~7

여러 동작으로 이루어진 콤비네이션을 할 때 여성이 움직이면 남성은 여성과 같이 움직이고 여성이 중심을 유지할 수 있도록 도와준다. 여성이 동작의 스텝을 하기 직전에만 정해진 포즈를 하면서 여성을 서포트한다.

남성은 연습할 때 자신의 포즈와 여성의 포즈가 조화를 이루도록 신경 써야 한다. 서포트할 때는 포즈를 정확하게 하는 것도 중요하지만 무대 위에서 아름답게 보이도록 해야 한다. 그리고 남성은 항시 중심을 안정되게 유지하고, 여성을 손으로 잡아줄 때 잡아당기는 게 아니라 받쳐주는 정도로 힘을 적당히 줘야 한다. 남성은 여성과 동작을 할 때 여성에게 시선을 과도하게 주지 않아야 한다. 그래야 무대 위에서 남성의 존재가 자연스럽게 드러나며 파트너십의 조화도 나타난다.

포즈를 잡는 연습을 할 때 90도로 하는 그랑 탕 리에 콤비네이션을 서포드와 함께 배워두면 유용하나. 느미플리에를 통해 여성의 무게중심을 이동시키는 동작을 할 때 그랑 탕 리에 콤비네이션은 자세를 흐트러뜨리지 않으면서 자연스럽게 동작이 이어져 보이도록 하기 때문이다. 포즈 연습을 할 때 여성이 동작을 한 후에 양손으로 잡고 하는 서포트와 한 손으로만 잡는 서포트를 모두 익힌다.

2-5 2번 아라베스크

2-6 아티튀드 에파세

2-7 에카르테 데블로페 드방

2-8 크루아제 데블로페 드방

3

서포트의 기본

양손을 잡고 하는 서포트

남성이 여성의 양손을 잡고 파드되를 할 때 서포트는 클래식발레의 팔 포지션으로 수행한다. 이때 필수적으로 여성의 손바닥만을 위, 아래 방향으로 향하게 한다. 아래 내용을 참고하여 손을 어떻게 잡는지 파악하고 서포트의 기초를 배워나간다.

① 남성은 여성의 손을 위에서 잡거나 손바닥끼리 마주 잡는다. 손목을 잡을 수도 있다. 3-1~2

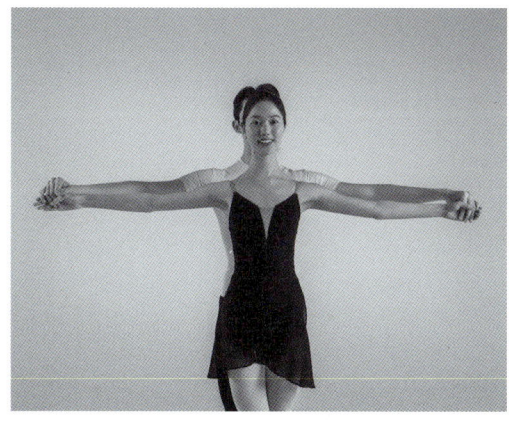

3-1

3-2

② 파트너들은 손바닥이 서로 맞닿아 있어야 하고, 손가락으로 서로의 손을
  잡는다. 3-3~7

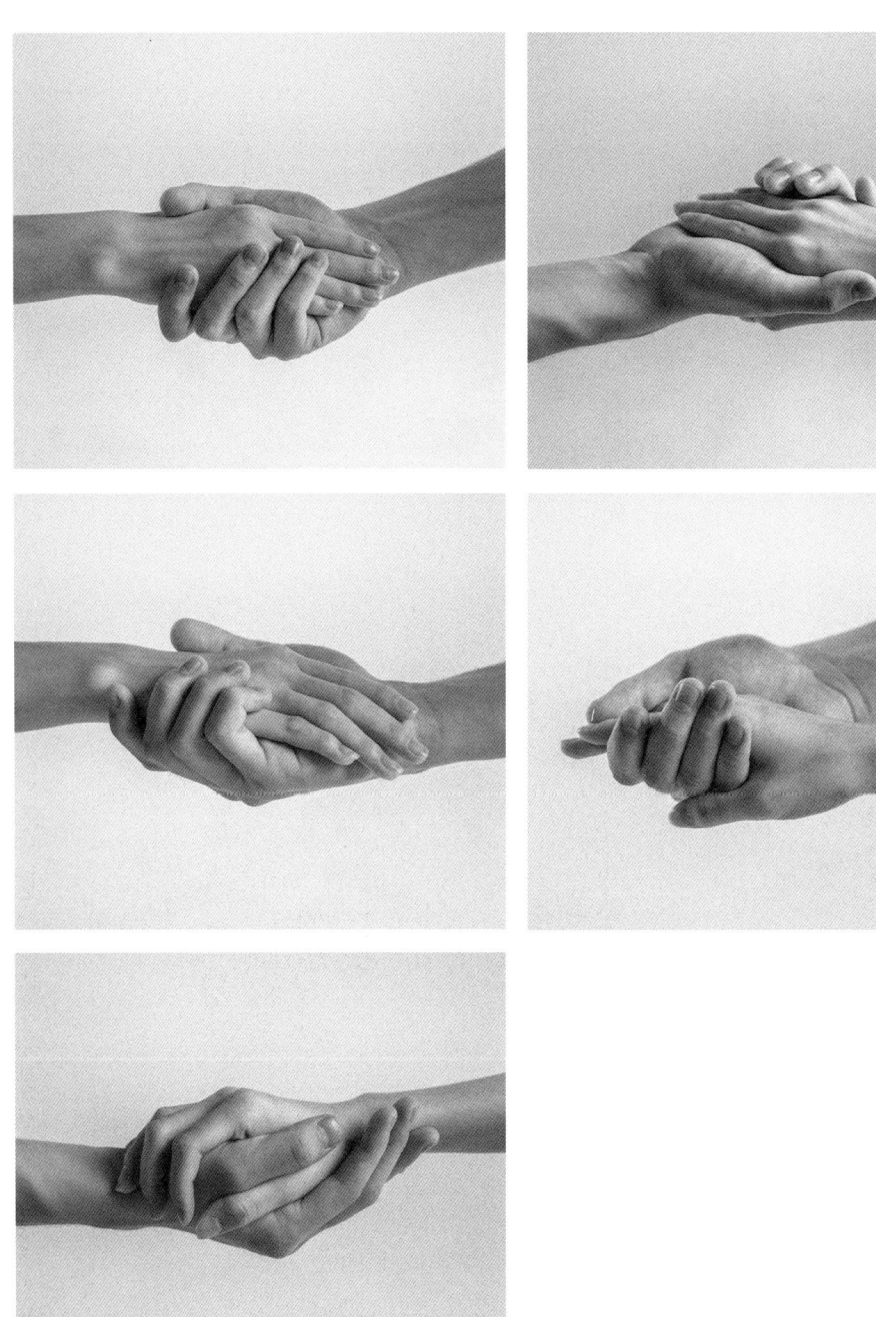

3-3   3-4
3-5   3-6
3-7

③ 손목을 잡고 서포트할 때 남성은 여성의 손을 건드려서는 안 된다. 3-8~9

④ 남성은 한 손으로 여성의 손을 잡고, 다른 한 손으로는 여성의 허리를 잡을 수 있다.

⑤ 여성은 양손 모두 남성의 한 손을 잡을 수 있다.

3-8

3-9

한 손으로 하는 서포트

앞서 배웠던 허리나 양손을 잡고 하는 모든 서포트 동작들을 한 손으로도
연습해야 한다. 손이나 손목을 잡거나 허리를 감싸거나 혹은 한 손으로 허
리를 잡는 등 다양한 방법들로 콤비네이션을 하며 연습한다.

한 손으로 허리를 서포트하는 동작

① 여성은 왼쪽 다리로 서서 아티튀드 에파세 포즈를 취한다.

② 남성은 여성의 왼쪽에 서서 오른손으로 여성의 허리를 감아 서포트한다.

③ 여성은 왼쪽 팔꿈치를 굽혀서 남성의 오른쪽 어깨를 누른다.

④ 여성은 데블로페, 파세, 그랑 롱 드 장브 등의 동작을 할 수 있다. 이때 남성은 여성의 상체가 다리를 들어 올린 반대쪽으로 기울어진다는 점을 인지해야 한다. 남성은 여성의 중심축이 기울어지는 것을 민감하게 알아차리고 여성이 올바른 방향으로 중심을 잡을 수 있도록 한다. 이때 여성은 팔의 포지션을 정확하게 지킨다.

주의사항

남성이 서포트하는 동안 여성은 어깨 관절을 절대로 움직여서는 안 된다. 지도교사는 파드되의 모든 기초와 난이도 높은 동작을 함께 사용하여 매번 새로운 콤비네이션을 만들어야만 한다. 이는 무용수나 학생이 앞으로 무대에서 하게 될 바리에이션에 익숙해지고 동작에 숙달되도록 하기 위해서이다.

여성이 앉은 자세에서 한 다리로 를르베를 할 때 서포트하는 동작

① 여성은 오른쪽 다리를 앞에 두어 5번 포지션으로 선다. 이때 다리의 자세는 에파세이다.

② 이 자세에서 여성은 왼쪽 다리를 구부린 채로 바닥에 앉고, 오른쪽 다리는 2번 포지션 방향으로 편다.

③ 여성의 상체는 오른팔이 1번 포지션, 왼팔은 손바닥을 바닥으로 한 2번 포지션이다. 왼쪽 어깨는 약간 뒤로 젖혀지고, 온몸은 조금 뒤로 기울어진다.

④ 남성은 2번에서 6번 방향으로 대각선으로 서서 여학생과 한 걸음 정도 떨어져 마주 보고 선다. 이때 팔과 다리의 자세는 특별히 정해져 있지 않고 다양하게 취할 수 있다. 지도교사는 여러 가지 팔과 다리의 자세를 연습시킨다.

⑤ 남성은 오른손을 내밀고, 여성은 부드럽게 움직이면서 위에서부터 자신의 오른손을 남성의 오른손 위에 내려놓는다. 3-10

⑥ 남성은 눈에 띄지 않게 오른손으로 살짝 여성의 손을 쳐서 동작을 시작하라는 신호를 준다.

⑦ 여성은 왼쪽 무릎으로 바닥에서 일어나고, 이후에 오른쪽 다리로 중심을 한번에 옮겨 서서 아티튀드 포즈나 1번 아라베스크를 하며 선다. 3-11

주의사항

이동하는 동안 여성의 오른팔을 구부리지 않는다. 즉, 손을 잡아당기지 않아야 한다. 남성은 동작의 시작을 알리는 신호를 주고 나서, 뒤로 멀리 물러선다. 그리고 여성이 설 수 있게 도와주고, 포인트슈즈 위에서 중심을 잡을 수 있게 자세를 잡아준다.

3-10
3-11

바닥에서 이뤄지는 파드되,
플로어

2부

앞서 1부에서는 파드되를 하기 위해서 남성이 여성을 서포트하는 방법, 여성이 남성의 서포트를 받는 방법에 대한 이야기를 했다. 이 기초동작들은 본격적인 파드되를 위해 서로의 무게중심을 이해하고 바르게 서기 위한 토대가 된다. 즉, 1부에서는 파드되를 출 수 있는 몸을 만들었고 2부에서는 플로어에서 이뤄지는 파드되를 통해 모든 파드되 동작의 기본을 완성하게 된다.

2부에서 연습하는 플로어에서 하는 파드되는 크게 두 가지로 나뉜다. 투르와 축을 기울이는 동작이다. 클래식발레의 기본이자 필수인 투르는 혼자서 충분히 숙련을 한 후에 파트너와 호흡을 맞추도록 한다. 투르와 축을 기울이는 동작 모두 가장 중요한 점은 자신의 무게중심을 정확히 이해하고 혼자서 밸런스를 잘 잡을 수 있어야 한다는 점이다. 이 점이 바탕이 되어야 다양한 투르와 투르 랑, 축을 기울이는 동작을 수행할 수 있다.

4

투르의 기본

투르는 회전 혹은 턴이라고도 말한다. 투르는 발레에서 가장 기본이 되는 기술이기도 하고, 투르를 할 수 있을 때 비로소 '춤을 출 수 있다'라는 심리적 즐거움을 주기 때문에 정확하고 깔끔하게 투르를 구사하는 건 여러모로 중요한 의미를 갖는다.

독무에서도, 파드되에서도 투르는 여러 가지 형태와 방법으로 나타난다. 여성은 '쉬르 라 푸앵트' 혹은 복수로 '쉬르 레 푸앵트'라고 부르는, 포인트슈즈를 신고 한 다리나 두 다리로 서는 자세로 투르를 한다. 여성이 투르를 하면 남성은 제자리에 서서 여성의 몸을 잡아준다. 객석에서 볼 때 남성이 여성의 몸을 돌려주는 것으로 보이지만 실질적으로는 여성의 허리에 손을 대고 흔들리지 않도록 잡아주는 것이다.

둘이서 처음 투르 동작을 맞춰볼 때는 아주 느린 박자로 해야 한다. 여성이 투르를 하는 동안 남성은 흔들리지 않게 여성을 잡아주는 방법을 배워야 하기 때문이다.

4장에서는 느리게 큰 포즈로 도는 불완전한 투르를 연습한다. 2부부터 이어지는 연습방법에서 오른발을 앞에 둘 경우엔 8번 방향 크루아제 에폴망 자세로, 왼발을 앞에 둘 경우엔 2번 방향 크루아제 에폴망 자세로 시작한다. 그리고 오른발로 선다는 것은 중심축이 오른발이 되는 것이고, 왼발로 선다는 것은 중심축이 왼발이라는 의미이다.

1단계
＼ 허리선을 따라 회전하는 투르 ／

투르를 연습하기 전에 알아두어야 할 점

- 모든 투르 동작은 파트너가 가까이 있는 상태, 얼굴을 마주 보고 서 있는 자세, 남성이 한쪽 또는 양쪽 무릎을 꿇고 있는 상태에서 배우게 된다.

- 여성이 포인트슈즈를 신고 5번 포지션에서 투르를 시작할 경우, 바트 망 수트뉘를 할 때와 같은 방법으로 진행하는데, 이때 남성은 양손으로 여성의 허리를 잡고 그 뒤에 선다.

- 여성이 투르를 하기 위해 드미플리에를 할 때, 남성은 여성이 회전하는 반대 방향으로 여성의 허리선을 따라 손을 가볍게 옮겨둔다. 이때 여성의 몸이 잘 돌아가도록 여성의 허리에 얹은 손에 힘을 준다. 여성은 투르 동작이 잘 수행되도록 남성이 힘을 주어 자신을 받쳐줄 때까지 기다린다. 4-1

- 드미플리에 없이 투르를 할 때도 마찬가지이다. 여성은 남성이 허리선을 따라 손을 옮겨서 회전하는 방향으로 힘을 받쳐줄 때까지 기다린다.

- 여성을 오른쪽으로 돌릴 때, 남성은 오른손을 여성의 몸의 조금 앞쪽으로 옮기고 왼손으로 여성의 척추 뒤쪽을 받쳐준다. 그다음에도 남성은 계속 이 손동작을 반복하면서 여성을 천천히 돌려주고 정해진 포즈로 여성의 회전을 멈춘다. 여성은 투르를 할 때 같은 속도로 회전이 끊이지 않도록 돌아야 한다.

- 위 내용을 잘 기억하며 연습을 진행한 후 1/4, 1/2, 3/4 투르와 360도 투르를 연습하면서 속도 조절과 정지 타이밍을 익힌다. 처음엔 1/4 투르로 연습하고, 점점 회전 범위를 넓혀나간다.

4-1

90도로 든 다리를 아티튀드로 마무리하는 투르

① 여성은 왼쪽 다리로 서고, 오른쪽 다리를 옆으로 90도 든다. 팔은 2번 포지션을 한다. 남성은 여성 뒤에 서서 여성의 허리를 잡는다. 4-2

② 남성은 여성의 허리선을 따라 오른손은 여성의 몸 뒤로, 왼손은 앞으로 약간 이동한다. 그리고 천천히 여성을 왼쪽으로 돌린다.

③ 투르를 시작하면서 여성은 오른쪽 다리로 파세 포지션을 지나 아티튀드 크루아제를 한다. 이때 남성은 2번 방향으로 한 스텝 나가거나 통베로 내딛으면서 나간다. 4-3~4

　이 동작을 할 때 여성은 파세, 그랑 롱 드 장브 등 여러 동작들을 이용해서 포즈를 바꾼다. 남성은 여성의 포즈에 따라 적당히 앞뒤 혹은 옆으로 한 스텝 나가면서 서로 동작하기 편한 간격과 위치를 찾는다.

4-2

4-3
4-4

데블로페 아 라 스공드로 하는 투르

① 여성은 오른쪽 다리를 앞에 놓는 5번 포지션으로 선다. 남성은 여성의 오른쪽에 한 스텝 떨어져서 마주 보고 선다.

② 여성은 오른쪽 다리로 한 스텝 나가서 포인트슈즈로 서고, 시선은 남성 쪽으로 향한 채 1/2 투르를 한다. 이때 왼쪽 다리는 90도 데블로페 아 라 스공드로 하고 팔은 3번 포지션으로 들어 올린다. 남성은 양손으로 여성의 허리를 잡고 흔들리지 않도록 자세를 유지한다. 이 동작을 작은 포즈와 큰 포즈로 연습하고, 이후에 1/4, 1/2, 3/4 투르와 합쳐서 연습한다. 4-5

4-5

2단계
손을 잡고 하는 투르

1단계에서 허리선을 따라 회전하는 투르를 연습했다면 2단계에서는 손을 잡고 하는 투르의 기본을 연습한다. 보통 본 동작을 시작하기 전에 여성은 파 드 부레 앙 투르낭과 플릭플락 앙 투르낭 등의 동작으로 투르를 연결한다. 이때 남성은 여성의 양손을 잡거나 여성의 허리를 잡아서 여성이 중심을 유지할 수 있게 도와준다.

쉬르 르 쿠드피에로 하는 투르의 단계별 연습

① 여성은 오른쪽 발로 서되 등을 1번 방향으로 향하도록 한다. 왼쪽 다리
  는 뒤로 쉬르 르 쿠드피에를 한다.

② 여성의 오른손은 3번 포지션 상태로 손바닥이 파트너를 향하게 하고, 왼
  손은 1번 포지션 상태에서 손바닥이 아래로 향하게 한다. 이때 남성은
  여성과 마주 서서 여성의 손을 마주 잡는다. 4-6

③ 남성은 왼팔을 옆으로 벌려 여성의 등을 자신의 정면 방향으로 돌린다.
  오른팔은 3번 포지션이고 여성이 흔들리지 않도록 한다. 4-7

④ 남성은 오른팔을 옆으로 벌리고 왼팔을 3번 포지션으로 옮긴다. 4-8~9

⑤ 그 후 남성은 오른팔을 1번 포지션으로 이동하고 여성을 마주 보며 돌린
  다. 4-10

4-7 4-8
4-6 4-9 4-10

남성은 여성의 축이 되는 다리를 회전시킬 때, 그 방향에 따라 남성은 여성의 중심이 유지될 수 있도록 여성 쪽으로 발을 살짝 내밀어 턴아웃을 유지하면서 여성이 잘 회전하도록 도와준다. 이때 여성은 턴아웃을 유지하고 상체의 자세를 바꾸면 안 된다. 동작을 멈추고 나서 반대 방향으로도 투르를 할 수 있다.

360도 투르를 할 때는 여성의 팔 포지션이 바뀔 때마다 단계별로 포즈를 확인하면서 연습한다. 방법을 잘 습득하고 나면 속력을 더해서 연속적으로 하는 동작을 연습한다. ④번까지는 각 동작과 포즈를 명확하고 깔끔하게 만드는 것을 목표로 연습한다. 처음에는 속도보다는 정확성에 중점을 두고 동작과 포즈를 천천히 단계별로 연습한다.

3단계
＼ 속도와 연결에 중점을 둔 투르 ／

1~2단계에서는 두 사람이 어떻게 손을 잡고 중심을 잃지 않으며 움직이는 지 그리고 동작의 정확성에 방점에 두고 천천히 움직였다. 3단계에서는 투르와 동작을 수행하는 속도를 높이고 각 동작이 자연스럽게 이어지도록 연결을 중시하면서 연습한다.

　남성이 여성의 손을 쥐고 축이 되는 다리를 회전하게 도와주자마자 여성은 혼자서 동작을 할 수 있도록 노력해야 한다. 즉, 남성은 투르 동작을 할 수 있게 힘을 전달해주기는 하지만 여성은 전적으로 남성에게 의지하는 게 아니라 자신의 힘으로 투르를 돌 수 있어야 한다. 투르를 할 때 여성은 포즈를 바꾸기도 하고, 처음 포즈를 그대로 하기도 한다.

여성의 중심점을 위한
느린 쉬르 르 쿠드피에 투르 연습

① 여성과 남성은 서로 마주 보고 선다. 여성은 등을 1번 방향으로 한 채 오른쪽 다리로 서 있고, 왼쪽 다리는 뒤로 쉬르 르 쿠드피에를 한다.

② 여성의 오른쪽 손바닥은 남성 방향으로 향한 채 3번 포지션을 하고, 왼손은 준비자세를 취한다.

③ 남성은 3번 포지션을 한 여성의 오른손을 자신의 오른손으로 마주 잡는다. 이때 왼팔은 옆으로 열려 있다.

④ 이 자세에서 남성은 여성의 오른손을 꽉 잡고 오른쪽 방향으로 여성을 돌린다.

위 동작을 할 때 여성의 오른팔은 주로 3번 포지션이다. 남성은 여성의 중심이 흔들리지 않도록 도와준다. 같은 방향으로 여성이 다시 투르를 할 때, 파트너들의 손은 다시 처음의 자세로 시작한다. 투르가 완료될 때 남성은 미끄러지듯 자연스럽게 서로의 손바닥이 맞닿을 때까지 위에서 오른손을 돌린다. 이때 여성은 오른손의 힘을 조금 풀지만 남성의 손이 빠지지 않도록 주의한다. 반대 방향으로도 연습한다.

회전력을 느낄 수 있는
빠른 쉬르 르 쿠드피에 투르 연습

앞선 **연습방법 1**(70쪽)을 조금 더 속도를 빠르게 하여 연습한다.

① 남성은 1번 포지션에서 오른쪽 손바닥을 위로 향하게 하고, 여성은 오른 손으로 남성의 손바닥을 마주 잡는다.

② 남성은 오른팔을 2번 포지션으로 벌려주면서 여성을 반원으로 돌려서 등을 자신 쪽으로 향하게 한다. 이후 남성은 3번 포지션으로 팔을 들고 손에 힘을 줘서 여성이 끝까지 온전하게 회전하도록 돕는다.

　남성이 한 손으로 여성의 손을 잡고 서포트하면서 투르를 하는 방법이다. 이 동작을 반대 반향으로도 연습한다. 이때도 서로의 손바닥끼리 꽉 잡은 자세는 바뀌지 않는다. 또한, 남성은 여성의 손목을 잡고 서포트하면서 한 손으로도 돌려서 여성의 축이 되는 다리가 돌아가도록 한다.

아티튀드에서 아라베스크로 마무리하는 투르

① 여성은 오른쪽 다리로 선다. 그다음 왼쪽 다리가 축이 될 수 있도록 파
   통베를 한 후 아티튀드 크루아제 포즈를 한다.
② 남성은 여성의 왼쪽 어깨 뒤에 서서, 오른손으로 여성의 허리를 잡는다.
③ 남성은 여성의 왼쪽 허리선을 따라서 여성을 오른쪽으로 돌리고 계속해
   서 여성의 왼쪽 어깨 뒤편에서 잡으려고 하면서 뒤로 물러선다. 4-11
④ 여성은 1번 아라베스크 포즈로 동작을 마무리한다.

   남성은 여성이 회전하는 반대쪽으로 허리선을 따라 빠르게 손을 미끄
러지듯 옮겨서 여성을 다시 돌릴 수 있다.

4-11

5

큰 포즈의 동작으로 하는 투르

큰 포즈의 동작으로 하는 투르의 기본

파드되 투르의 기본을 잘 다졌다면 좀 더 화려하거나 움직임이 있는 투르를 해볼 수 있다. 90도의 아 라 스공드, 그랑 푸에테, 그랑 푸에테 앙 투르낭 등의 파드되 투르를 익히면 무대에서 아름다운 장면을 연출할 수 있다.

90도의 아 라 스공드는 다리를 90도로 들어 몸의 선을 원으로 유지하는 동작이며 다리의 선으로 동작 방향을 위로 이동시킨다. 그랑 푸에테는 다리로 큰 원(앙 드오르 또는 앙 드당으로)을 그리며 회전하는 동작이다. 그랑 푸에테 앙 투르낭은 다리 한쪽은 축이 되고 다른 다리 한쪽은 뻗어 원을 그리며 점프 회전을 하는 동작이다. 모두 다리의 선으로 원을 그리며 이동하는 동작이며 무대 위에서 활용하는 공간을 확장시키는 큰 포즈의 동작이다. 또 단일 동작으로도 잘 쓰이지만 파드되 안에서는 주로 앞뒤 동작을 연결하거나 클라이맥스를 준비하기 전에 연결동작으로도 쓰인다.

이 동작들을 연습할 때에는 중심을 잘 잡아야 한다. 다리 등의 신체로 원을 만들어도 중심이 무너지지 않도록 골반과 상체를 단단히 고정한다. 여성이 이 동작들을 할 때 남성은 중심과 방향성을 잘 잡아줘야 한다. 코어의 안정성과 파트너의 협력이 동작의 완성도를 좌우한다.

큰 포즈의 동작에서 남성의 서포트 방법

1/4, 1/2, 3/4 투르와 90도 아 라 스공드, 그랑 푸에테 앙 투르낭 동작을 시작하기 전에 남성은 여성의 양손을 각각 잡고서 여성이 회전을 할 수 있게 도와준다. 그 후에 여성을 정해진 포즈로 멈춰 세우면서 여성의 허리로 손을 옮겨 놓는다. 남성은 투르 후에 여성의 허리로 손을 옮겨 놓지 않고 다시 여성의 손을 잡으려면 남성은 투르 동작이 끝나는 순간 다음 동작을 해야한다.

- 여성의 뒤에 서거나 마주 보고 선다.
- 머리 위에서 여성의 손을 잡는다.
- 파트너끼리 손바닥을 마주 잡는다.
- 여성의 손목을 잡는다.
- 여성의 팔꿈치를 잡는다. 이 경우에 남성은 여성 뒤에 서서 여성의 팔꿈치보다 약간 위의 관절을 아래에서 양손으로 잡아서 여성을 서포트한다.

남성이 양손으로 서포트하고 여성이 에파세 사세에서 그랑 푸에테를 할 경우, 남성은 여성의 동작을 방해하지 않으며 여성의 손을 잡고 함께 이동한다.

크루아제 포즈로 마무리하는 앙 드당

① 여성은 왼발을 오른발을 앞으로 한 5번 발 포지션의 앙 파스 방향 자세를 취하고, 오른쪽 다리는 90도 아 라 스공드로 들고 팔은 2번 포지션을 취한다.

② 남성은 여성의 허리를 잡고 그 뒤에 선다. 이때 오른손은 여성의 허리 뒤로, 왼손은 앞으로 옮기고 손에 힘을 주면서 여성이 투르 앙 드당을 하도록 돕는다.

③ 이 동작을 하는 동안 여성은 팔을 3번 포지션으로 올리고, 회전하는 왼쪽 다리의 발끝과 오른쪽 어깨가 무대 6번 방향인 크루아제 포즈로 마무리 지을 때까지 돈다.

④ 남성은 2번 방향을 향해 통베로 나가거나 한 스텝 나가면서 여성이 회전을 멈추고 포즈를 취하도록 만든다.

포인트슈즈에서 드미플리에로 내려올 때, 그랑 푸에테 앙 투르낭을 할 때, 앙 드오르와 앙 드당에서 90도 아 라 스공드로 1/4, 1/2, 3/4 투르를 할 때도 같은 방법을 사용한다. 이 동작을 배울 때, 어려운 동작으로 콤비네이션을 무리하게 하지 않고 주어진 방법과 단계에 따라 남성이 동작을 잘 수행할 수 있도록 연습한다.

6

투르랑

투르 랑은 여성이 한쪽 다리로 서 있으면 남성은 여성의 허리를 잡거나 손을 잡고서 여성의 몸을 컴퍼스의 중심처럼 세워서 원을 그리면서 도는 동작이다. 프랑스어로 '랑lent'은 '느리게, 더딘'이란 뜻을 가지고 있으므로 천천히 원을 그린다고 생각하면 된다.

한편 투르 랑은 '프롬나드' 혹은 '투르 드 프롬나드'라고도 부른다. '프롬나드'는 프랑스어로 '산책'이라는 뜻을 갖고 있다. 산책을 하듯이 천천히 원을 그리며 도는 동작을 의미한다. 앞서 다양한 투르들을 연습하며 느리게 혹은 속도를 조금 높여서 연습했다면, 이 동작은 속도를 내기보다 우아하고 부드럽게, 둘이서 산책하듯이 원을 그리는 것이 포인트이다.

6장에서는 남성이 양손으로 여성의 허리를 잡고 원을 그리며 도는 동작부터 시작해서 양손을 잡고 하는 투르 랑, 한 손을 잡고 하는 투르 랑 등 점점 난이도를 높여나가며 연습한다.

1단계
\ 기본 투르 랑 /

기본 투르 랑을 할 때 남성은 양손으로 여성의 허리를 잡고 원을 그리면서 도는데 이때 원의 중심은 여성의 서 있는 다리의 발끝이다. 여성을 오른쪽 방향으로 돌릴 때, 남성은 왼쪽 다리로 첫 스텝을 떼어놓고 오른쪽 다리는 여성의 왼쪽 발뒤꿈치 쪽으로 붙인다. 왼쪽 방향으로 돌릴 때는 그 반대로 동작을 하면 된다.

남성은 스텝을 할 때 옆으로 벗어나지 않고 원을 따라 걷는다. 여성은 투르 랑을 할 때 축이 되는 다리의 뒤꿈치를 앞으로 내밀면서 남성이 정확하게 원을 그리며 움직일 수 있도록 도와줘야 한다.

투르 랑의 기본적인 방법을 습득한 후에는 좀 더 높은 난이도로 연습한다. 기본 단계에서는 느린 템포로 시작하고 여성은 처음의 포즈를 바꾸지 않고 그대로 투르 랑을 한다. 익숙해진 후에는 파세, 그랑 롱 드 장브 등 다른 동작들을 넣어 포즈를 바꾸면서 연습한다. 남성도 여성의 뒤에서 원을 그리는 동작만 하는 게 아니라 여성의 옆에 서거나 얼굴을 마주 보고 서는 등 변화를 준다.

2단계
양손으로 지탱하는 투르 랑

양손으로 지탱하는 투르 랑에서도 남성은 원을 따라 걷고 그 원의 중심은 여성의 발끝이다. 왼쪽으로 진행하는 투르 랑의 경우 남성은 첫 스텝을 오른쪽으로 내디뎌야 한다. 반대로 오른쪽으로 진행할 경우 왼쪽으로 첫 스텝을 내딛는다. 이런 가장 기본적인 투르 랑을 할 때 남성은 축이 되는 여성의 발끝을 중심으로 자연스럽게 원을 따라 걸으면 된다. 하지만 이때 에파세로 이동해서 투르를 진행할 경우 상황은 달라진다. 에파세로 이동해서 오른쪽으로 투르를 할 경우 남성의 첫 스텝은 오른쪽으로 시작해야 한다. 왼쪽으로 하게 될 경우에는 왼쪽으로 스텝을 시작한다.

아티튀드 에파세로 하는 투르 랑

① 여성은 양손으로 남성의 한 손을 붙잡는다. 남성은 4번 발 포지션으로 선다.

② 남성은 오른쪽 다리를 앞에 두고 에파세 포즈를 취하는데, 무게중심은 오른쪽 다리에 두고 왼쪽 다리는 쭉 펴면서 발로 바닥을 민다.

③ 남성은 오른팔의 팔꿈치를 펴서 1번 팔 포지션으로 하고 왼팔은 2번 팔 포지션을 취한다.

④ 여성은 오른쪽 다리로 서서 아티튀드 에파세 포즈를 한다.

⑤ 여성의 왼손은 남성의 왼손을 잡고, 오른손은 남성의 왼쪽 어깨를 잡는다. 6-1

⑥ 남성은 오른쪽 다리를 똑바로 펴고 여성을 향해 왼쪽으로 다가간다. 그리고 천천히 원을 따라 왼쪽 방향으로 돈다.

　　이 연습방법의 투르 랑을 하기 전에 여성은 파 글리사드, 파 쿠뤼를 하거나 남성 쪽으로 한 스텝 다가선다. 이때 여성은 자신이 얼마만큼 다가가야 하는지 남성과의 간격을 잘 고려해야 한다. 여성이 포즈를 취할 때 팔을 뻗을 수 있을 정도, 동작을 할 때 팔꿈치가 구부러지지 않을 정도의 간격이 적당하다. 이외에도 여러 가지 포즈에서도 투르 랑을 할 수 있다.

6-1

아티튀드 투르 랑의 변형 동작 연습

① 여성은 왼쪽 다리를 축으로 오른쪽 다리를 들어 아티튀드 에파세 포즈를 하고 시선 방향은 정면을 향한다.

② 남성은 오른손으로 여성의 허리를 잡는다. 이때 남성의 손가락은 여성의 골반뼈 위쪽에 있어야 한다.

③ 남성은 왼손으로 여성의 왼손을 잡는데, 여성의 손은 바닥을 향하고 남성의 손은 하늘을 향하게 잡는다. 6-2

④ 이 자세로 남성은 오른쪽 방향으로 원을 그리며 걷는다. 6-3

방향을 바꿔서도 연습한다. 이 연습방법은 한 손은 여성의 허리에 다른 손은 여성의 손을 잡는 투르 랑의 변형 동작이다.

6-2
6-3

바트망 데블로페에서
아 라 스공드로 하는 투르 랑

① 여성은 등을 1번 방향에 두고 왼쪽 다리를 앞에 둔 5번 발 포지션으로 선
   다. 이때 팔은 3번 팔 포지션이다.
② 남성은 여성과 마주 보고 선다. 이때 손바닥은 위를 향하고 팔은 2번 포
   지션을 한다.
③ 여성은 손바닥을 아래로 향하면서 2번 포지션으로 팔을 내리고 남성의
   손바닥 위에 손을 올려놓는다. 왼쪽 다리로는 바트망 데블로페를 해서
   90도 아 라 스공드 상태를 만든다. 6-4
④ 여성은 아 라 스공드 포즈를 유지하며 투르 랑을 한다.

   투르 랑 동작을 시작하기에 앞서 남성은 투르 랑을 하는 방향으로 자신
의 골반을 돌려야 한다. 어깨는 그대로 남겨둔다. 투르 랑 동작을 하는 동안
두 사람 모두 손을 잡은 2번 팔 포지션을 유지하고 이것으로 서로 간의 거
리가 정해진다.

6-4

3단계
\ 한 손으로 지탱하거나 서로의 어깨로 지지하는
투르 랑 /

남성이 여성의 한 손을 잡고 서포트하는 투르 랑 동작은 클래식발레의 기본이다. 이때 남성이 서포트해주는 여성의 팔은 1번, 2번, 3번 어느 포지션이든 될 수 있다. 중요한 건 모든 경우에 여성의 팔에는 힘이 있어야 한다는 점이다. 즉, 어깨와 팔꿈치 관절이 움직이지 않아야 하고 만들어놓은 포지션을 잘 유지해야 한다.

남성은 리듬에 맞춰 일정하게 스텝을 걸어야 한다. 이때 남성은 여성과 너무 멀어지지 않도록 주의하고 정해진 원을 따라 걷는다. 여성은 축이 되는 다리를 턴아웃으로 유지하면서 투르 랑의 방향을 지킨다. 처음 투르 랑 동작을 연습할 때, 파트너들은 이 기본자세를 엄격하게 지켜야 한다. 처음에는 아주 느린 박자로 연습하는 게 좋다. 동작을 잘 익힌 후에 다양한 콤비네이션에 투르 랑을 넣어서 연습한다.

한 손으로 여성의 허리를 잡고 하는 모든 투르 랑이나 서포트에서 남성은 여성을 손가락으로 꽉 누르거나 여성의 옷을 잡아서는 안 된다. 남성은 앞이나 뒤에서 여성의 옆구리 선을 따라 허리를 꽉 잡는다.

아티튀드 에파세로 하는 투르 랑의 응용

① 여성은 오른쪽 다리로 한 스텝 나가서 아티튀드 에파세 포즈를 한다.

② 남성은 여성과 마주 보고 서서 오른손을 여성에게 내민다. 이때 손바닥
은 위로 향해야 한다.

③ 여성은 1번 팔 포지션을 유지하면서 남성의 오른손에 자신의 오른손을
얹는다.

④ 이 자세로 남성은 여성을 오른쪽 방향으로 투르 랑 동작을 한다.

손목을 잡고 하는 투르 랑

① 여성은 3번 방향을 보며 왼발은 크루아제 드방을 하고 오른발로 선다.

② 여성은 왼발로 한 스텝 나가면서 오른발로 파 통베를 한 후 오른쪽 다리로 서서 큰 포즈의 1번 아라베스크를 한다.

③ 남성은 여성과 마주 보고 서서, 오른손으로 여성의 오른쪽 손목을 잡는다. 6-5

④ 남성은 여성의 손목을 잡은 채로 투르 랑을 한다.

　　투르 랑 동작을 하면서 남성은 처음의 간격을 유지한다. 만약 남성이 여성의 왼손을 잡을 경우에는 원을 따라 오른쪽으로 걷는다.

6-5

에카르테 포즈로 하는 투르 랑

① 여성은 왼쪽 다리로 서서 앞이나 뒤로 에카르테 포즈를 한다. 여성의 오른팔은 3번 포지션, 왼팔은 2번 포지션이다.
② 남성은 여성의 왼쪽에 서서 오른손으로 여성의 오른쪽 손목을 잡고 투르 랑을 한다. 투르 랑을 할 때 여성은 왼쪽 팔꿈치를 남성의 가슴에 살짝 댄다. 6-6

여러 포즈에서 수행하는 투르 랑 동작은 남성도 여성의 도는 방향을 따라 함께 돌면서 걷는다. 이것은 투르 랑 동작을 할 때 제일 어려운 부분이지만 기본적인 방법과 규칙은 같다. 남성은 다양한 포즈로 투르 랑 동작을 할 때 여성을 서포트하는 여러 방법을 익혀야 한다.

6-6

남성이 한 손으로 여성의 허리를 잡고 서포트하면서 팡세를 할 때

① 여성은 7번 방향을 향해 오른발로 크루아제 드방을 하고 왼발로 선다. 여성은 오른발로 한 스텝 나가면서 왼발로 파 통베를 한 후 왼쪽 다리로 서서 큰 포즈의 1번 아라베스크 포즈를 취한다.

② 남성은 여성 뒤에 서서 오른손으로 여성의 허리를 잡는데 엄지와 검지는 허리선에 놓고 손바닥은 오른쪽 옆구리에 평평하게 붙인다.

③ 이 자세에서 여성은 앞으로 팡세를 한다.

④ 여성이 앞으로 기울어지기 시작하자마자, 남성은 눈에 안 띄게 여성의 중심을 앞으로 약간 옮긴다. 이때 여성의 중심은 남성의 서포트 때문에 유지하게 된다. 팡세를 하고 나면 여성은 좀 더 가볍고 우아한 분위기를 자아낼 수 있다. 6-7

⑤ 여성은 처음 포즈로 돌아오고, 남성은 여성의 중심이 흔들리지 않도록 서포트해준다.

⑥ 남성은 여성의 중심을 조금 앞으로 옮긴 후 오른손으로 도는 방향에 힘을 준다. 그리고 오른쪽 방향으로 투르 랑 동작을 한다. 투르 랑 동작 후에 남성은 여성이 흔들리지 않는 자세로 돌아올 수 있게 도와준다. 6-8

    이 원칙에 따라 2번, 3번, 4번 아라베스크로도 아티튀드 포즈로도 연습한다. 투르 랑 동작의 처음 자세는 앞서 연습한 것과 같은 방법으로 한다. 이 투르 랑 동작에서 남성은 여성을 한손으로 위에서 잡는 방식뿐 아니라 아래에서 허리를 잡는 것도 익힌다. 즉 앞으로 숙여진 상체를 잡는 것이다.

6-7
6-8

남성이 여성의 허리를 잡고 하는
투르 랑 동작의 변형

① 여성은 오른쪽 다리로 서서 아티튀드 크루아제 포즈를 한다.

② 여성은 3번 팔 포지션 상태로 상체를 약간 오른쪽 뒤로 기울인다.

③ 남성은 여성의 왼쪽에 선다.

④ 남성은 오른손을 여성의 오른쪽 옆구리 조금 뒤에 놓는다. 남성은 오른쪽 팔꿈치를 약간 굽히고 여성은 상체와 머리를 뒤로 젖힌다. 6-9 그 후에 남성과 여성은 각자의 상체에 약간 간격을 두고 있는데 이때 여성은 마치 남성의 팔에 매달리는 것처럼 자세를 한다.

⑤ 이 자세에서 남성은 원을 따라 왼쪽으로 걷거나 뒤로 걷는다.

처음 동작을 연습할 때는 1/2 투르, 즉 반 바퀴로 연습하다가 점차 한 바퀴, 두 바퀴, 세 바퀴로 투르의 횟수를 늘린다. 투르 랑 동작이 끝날 때, 남성은 여성의 상체를 자신 쪽으로 약간 끌어당기듯이 잡으면서 여성이 흔들리지 않는 자세로 돌아오게 서포트한다.

만약 남성이 한 손으로 허리를 잡고 서포트를 하고 여성이 에카르테 포즈에서 투르 랑을 할 때는 여성이 흔들리지 않는 자세를 유지하도록 도와주는 게 가장 중요하다.

6-9

파트너들이 서로 마주 보고 하는 투르 랑 동작

① 여성은 3번 방향을 보고 왼발은 크루아제 드방을 하며 오른발로 선다.

② 여성은 오른발로 한 스텝 나간 후 오른쪽 다리로 서서 아티튀드 에파세 자세를 한다. 그리고 오른팔을 앞으로 쭉 뻗고 손바닥은 파트너의 오른쪽 어깨에 올린다.

③ 이때 남성은 오른팔을 여성의 오른쪽 어깨에 올린다. 결과적으로 두 사람의 팔은 서로 얽힌 것처럼 만들어진다. 6-10

④ 두 사람이 거리를 유지하면서 투르 랑 동작을 하되 남성은 원을 그리면서 걷고 여성은 자세가 흔들리지 않도록 주의한다.

6-10

7

투르의 응용 3단계

1단계
＼ 기본 포즈의 투르 ／

앞에서 투르의 기본과 투르 랑을 배웠다면 7장부터 속도를 느끼며 빠르게 여러 바퀴를 도는 완전한 투르를 하게 된다. 본격적으로 완전한 투르를 하기 전에 다양한 앙 드오르, 앙 드당 투르의 준비자세, 즉 프레파라시옹을 배우고 기본 포즈의 투르 동작을 배운다.

투르를 위한 프레파라시옹

여성은 파트너와 투르 동작을 할 때도 독무를 할 때와 똑같이 동작의 원칙을 준수한다. 남성은 여성이 투르 동작을 할 수 있도록 자세를 만들어주는데 남성이 도와주면 투르의 횟수도 늘어날 수 있다. 연습하면서 파트너끼리 서로의 호흡과 박자를 느낀다.

> **주의사항** **투르 연습에서 남성이 지켜야 할 부분**
> - 여성의 무게중심 위치를 바꾸는 것
> - 정해진 투르를 하기 전이나 그 후에 드미플리에를 할 것
> - 서포트를 하기 위해 여성과 적절한 간격 유지하기
> - 서포트를 하는 동안에도 아름다운 포즈에 신경 쓰기

투르 프레파라시옹의 순서

투르 프레파라시옹을 익혀야 남성은 여성이 투르를 할 수 있도록 도와줄 수 있고 투르의 횟수도 늘어날 수 있다. 준비동작은 다음 순서로 진행한다.

① 투르 전 프레파라시옹에서 남성은 4번 발 포지션에서 앙 드오르를 한다. 여성은 오른발이 앞에 있는 5번 발 포지션을 하고, 팔은 준비자세를 취한다.

② 남성은 양손으로 여성의 허리를 잡고 그 뒤에 선다. 여성은 드미플리에를 하고, 오른발은 앞 쉬르 르 쿠드피에 위치에 놓고 왼발은 포인트슈즈로 를르베 한다. 팔은 1번 포지션을 한다.

③ 남성은 여성의 상체를 약간 자기 쪽으로 끌어오면서 여성의 무게중심을 한쪽 다리에서 양쪽 다리로 옮긴다. 이때, 동시에 자신의 오른쪽 다리는 뒤로 내민다. 이 상태가 됐을 때 여성은 4번 발 포지션을 한다. 이때 여성은 오른팔은 1번 포지션, 왼팔은 손바닥을 아래로 향한 2번 포지션을 한다. 7-1

④ 투르를 하면서 여성은 왼쪽 다리로 선다. 이때 오른쪽 다리는 앞에서 쉬르 르 쿠드피에한다. 동시에 왼팔은 빠르게 1번 포지션을 한다. 7-2

⑤ 남성은 여성의 상체를 약간 앞으로 보내면서 무게중심을 양쪽 다리에서 한쪽 다리로 옮겨 놓는다.

이 동작들을 작은 포즈와 큰 포즈로 연습한다.

4번 발 포지션과 5번 발 포지션으로 앙 드오르, 앙 드당 투르 프레파라시옹을 할 때 처음에는 앙 파스 방향에서 매우 느린 박자로 해본다. 익숙해지면 나중에는 에폴망, 즉 2번 몸 방향이나 8번 몸 방향으로 연습한다.

7-1
7-2

투르를 할 때 여성의 자세

여성이 남성의 서포트를 받으며 투르를 할 때 팔은 다음과 같은 자세를 취한다.

- 1번 팔 포지션을 하되, 한 팔이 다른 팔을 포개는 앙 바 7-3
- 3번 포지션. 이 경우에 팔은 앞이나 뒤로 나가지 않고 머리 바로 위로 들어 올린다. 이렇게 해야 중심을 잡고 투르를 하는 몸이 일직선을 유지할 수 있다. 7-4
- 이외에 팔은 몸통에 밀착시켜 가슴 위에 엑스자로 놓을 수도 있다. 이렇게 하면 옆에 서 있는 파트너를 건드리지 않을 수 있다. 7-5

7-3   7-4

7-5

투르 동작에서 서포트할 때 기본적인 과제

파드되에선 남성이 여성이 중심을 유지할 수 있도록 잘 서포트하는 것이 중요하다. 특히 속도를 높이고 회전 횟수를 늘리는 완전한 투르 동작은 난도가 높기 때문에 아래 투르 동작에서 서포트할 때의 기본적인 과제를 잘 파악하고 완전한 투르를 연습한다.

- 여성이 투르 동작을 준비할 때, 남성은 여성의 무게중심을 옮겨주고 여성이 투르의 힘을 잡을 수 있도록 올바르고 편한 자세를 찾도록 도와준다.
- 투르를 할 때 남성은 여성이 흔들리지 않도록 자세를 유지시킨다. 여성이 회전축에서 벗어날 경우에 남성은 여성을 올바른 자세로 되돌려준다.
- 박자가 빠르든 느리든 턴이 멈추는 동작은 정확해야 한다.
- 모든 경우에 남성은 정확하게 정해진 클래식발레의 포즈에서 여성의 움직임을 멈춘다.
- 남성은 정해진 포즈에서 여성의 움직임을 멈추면서 여성이 그 포즈를 유지할 수 있도록 신경 쓴다.
- 공연에서 투르 동작을 보여줄 때 여성이 들고 있는 다리 자세는 쉬르 쿠드피에가 아니라 경골脛骨의 중간 부분보다 약간 높아야 한다. 즉, 무릎에 가까워야 한다.
- 처음 파드되 투르를 연습할 때는 한 바퀴를 깔끔하고 명확하게 돌 수 있게 파트너끼리 호흡을 맞추는 게 중요하다. 여러 바퀴를 돌 수 있게 남성이 여성의 허리를 돌려주거나 도와주기보다는 두 사람이 한 바퀴를 정확하게 도는 연습을 한다.
- 이후 여성이 세 바퀴 이상의 투르 동작을 할 때는 남성이 도와줘야만 한다. 투르 동작을 하기 전 여성이 드미플리에를 할 때, 남성은 투르를 하는 반대 방향으로 손을 여성의 허리를 지탱할 수 있는 약간 옆 위

치로 옮겨준다. 여성이 투르를 돌기 위해 힘을 주는 순간에 남성은 양 손으로 투르의 횟수를 늘려준다.

- 여성이 여러 바퀴씩 도는 투르 동작을 할 때, 남성은 손바닥을 아래쪽 으로 하고 엄지손가락과 집게손가락만 벌려서 여성의 허리에 갖다 댄 다. 남성의 한 손은 여성의 중심축을 서포트하고 다른 손은 살짝 밀면 서 여성의 투르를 도와준다. 7-6

- 남성이 서포트하는 동작은 최대한 간결해야 하고 관객들의 눈에 띄지 않아야 한다.

- 여성은 동작에 따라 힘을 조절하여 투르 동작을 한다. 예를 들어 짧게 플리에를 하고 단호하고 강하게 힘을 준다거나, 부드럽게 플리에를 하고 약하게 힘을 주거나, 앞뒤나 옆으로 회전축에서 벗어나게도 한 다. 이때 남성은 동작에 따라 다른 뉘앙스를 느낄 수 있어야 하고, 각 동작마다 여성이 정해진 횟수의 투르를 할 수 있도록 도와준다.

파드되에서의 투르 동작 횟수와 아름다움은 단지 여성의 능력에 의존 하는 것이 아니라, 상호간의 박자와 파트너와의 조화 등 여러 면에서 만들 어진다.

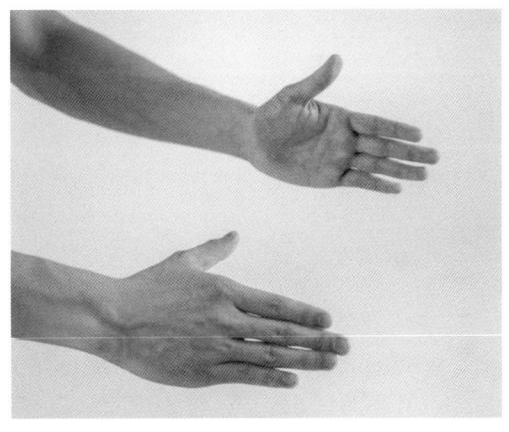

7-6

기본 포즈의 투르 동작

4번 포지션에서의 투르 동작

여성은 4번 발 포지션에서 드미플리에를 한 후, 독무를 출 때와 마찬가지로 힘을 줘서 투르 앙 드오르를 한다. 여성이 투르를 할 때 남성은 여성의 허리를 양손으로 잡는데 여성의 허리를 앞뒤로 움직이지 않고 고정한다. 여성이 투르를 멈출 때 남성은 양손으로 여성의 허리를 꽉 잡는다. 이때 손가락을 구부리지 않도록 한다. 4번 포지션의 투르 동작을 작은 포즈와 큰 포즈 모두 연습한다.

5번 포지션에서의 투르 동작

여성은 5번 발 포지션에서 한쪽 다리는 를르베를 해서 지탱하고, 다른 쪽 다리는 앞이나 뒤에서 쉬르 르 쿠드피에를 한다. 투르를 작은 포즈와 큰 포즈로 연습하되 앙 드오르와 앙 드당 모두 연습한다. 남성의 서포트 방법은 4번 포지션에서의 투르 동작과 똑같다.

크루아제 포즈부터 시작하는 투르 앙 드오르

여성은 왼쪽 다리로 크루아제 포즈를 취하고, 오른쪽 다리는 45도 앞으로 들어 올려 아티튀드 동작을 한다. 오른팔은 1번 포지션, 왼팔은 2번 포지션이다. 남성은 양손으로 여성의 허리를 잡으면서 그 뒤에 선다. 7-7

투르를 시작할 때 남성은 오른손을 앞으로, 왼손은 뒤로, 여성의 허리를 따라 손의 위치를 바꾼다. 그리고 여성이 투르를 잘할 수 있도록 마치 팽이를 돌리듯이 에너지 넘치게 양손으로 밀어준다. 이때 여성은 힘을 줘서 투르 앙 드오르를 한다. 남성은 여성의 허리에 손을 대고 투르 동작에서 정해진 서포트 방법을 따른다.

연습을 할 때 4번 포지션 투르 동작으로 시작하여 크루아제 포즈와 결합시키는 것이 좋다. 4번 포지션에서의 투르 동작은 90도 아 라 스공드 자세로 마무리한다. 그 후 파세를 하면서 크루아제 등 여러 가지 포즈로 마무리한다.

크루아제 포즈로 시작해서 힘을 주어 투르 동작을 할 때 여성은 드미플리에를 하는 방식과 하지 않는 방식 두 가지를 모두 연습한다. 드미플리에를 하지 않는 경우 여성은 포인트슈즈로 서 있는 상태이다.

7-7

1번 아라베스크 포즈로 시작하는 투르 동작

① 여성은 7번 방향을 보며 오른발은 크루아제 드방을 하고 왼발로 선다.

② 여성은 오른발로 한 스텝 나가면서 왼발로 파 통베를 한 후 왼쪽 다리로 서서 1번 아라베스크 포즈를 한다.

③ 남성은 양손으로 여성의 허리를 잡고 허리선에 따라 손을 움직이며 서 포트한다. 오른손은 뒤, 왼손은 앞으로 둔 뒤, 여성이 수직자세로 서도록 만들어주는 동시에 투르를 잘할 수 있도록 양손에 힘을 준다. 7-8

④ 이때 여성은 힘을 주고 팔은 3번 포지션으로 옮기면서 투르 앙 드당 동작을 한다. 7-9

주의사항 **첫 포즈에 따라 달라지는 남성의 서포트 위치**

여성의 첫 포즈에 따라 남성의 서포트 위치가 달라진다.

- 3번 아라베스크 포즈에서 투르 동작을 할 경우 남성은 여성 뒤에 선다.
- 4번 아라베스크포즈에서 투르 동작을 할 경우 둘은 서로 마주 보고 선다.
- 에카르테 포즈에서 투르 동작을 할 경우 여성은 왼쪽 다리로 서서 에카르테 포즈를 취하고 얼굴은 8번, 등은 4번 방향을 향한다. 남성과 여성은 서로 얼굴을 마주 보고 선다.

위의 포즈는 여성이 투르 동작을 하기 전에 취하는 첫 자세다. 투르를 할 때 여성은 힘을 주기 전에 드미플리에를 해서 앙 드오르와 앙 드당으로 도는 방법과 드미플리에 없이 도는 방법, 두 가지를 모두 익혀야 한다.

7-8
7-9

투르 통베와 프레파라시옹 데가제로 하는 투르 동작

파드되 투르에는 제자리에서 하는 투르, 이동하면서 하는 투르가 있다. 보통 제자리에서 하는 투르는 남성의 서포트와 여성의 투르가 동시에 시작되지만, 남성이 투르를 하고 있는 여성을 잡는 경우에는 이동하면서 서포트가 이뤄진다. 어떤 투르를 하든 파드되 투르에서는 남녀가 서로 어떤 방식으로 그 동작과 장면을 시작할지 각자의 시작 포즈 즉, 프레파라시옹을 익혀야 한다.

예를 들어 남성이 이미 투르를 하고 있는 여성을 잡을 경우 여성이 투르를 하고 있는 동안 남성은 아름다운 포즈를 하고 있다가 움직이는 여성을 적절한 타이밍에 잘 잡을 수 있어야 한다. 프레파라시옹은 그 동작의 미를 완성하는 출발점이자 동작이 원활하게 잘 수행될 수 있도록 돕는 기능적 성격을 함께 가지고 있다.

연습방법 1

투르 통베로 한 스텝 나가면서 하는 투르

① 여성은 얼굴을 7번 방향으로 향하고 2번 아라베스크 포즈를 취하되 발은 바닥에 붙이고 왼쪽 다리로 선다.
② 남성은 여성의 뒤에 두 스텝 정도 떨어져서 같은 포즈로 선다. 7-10
③ 여성은 남성 쪽으로 돌아서 오른쪽 다리로 한 스텝 내딛는다.
④ 왼쪽 다리는 포인트슈즈로 서고 팔은 3번 포지션으로 들어 올려 투르 앙드오르를 한다.
⑤ 남성은 손바닥을 아래로 향하여 오른손을 쭉 편다. 그리고 그를 향해 오는 여성을 맞이하면서 여성을 정확하게 수직자세로 받쳐주고, 왼손의 손바닥의 편평한 부분으로 여성의 허리선을 따라 잡는다. 7-11

7-10
7-11

연속동작 후 프레파라시옹 데가제 투르

① 여성은 6번 방향에서 2번 방향인 대각선으로 세네를 돈다.

② 남성으로부터 두 스텝보다 좀 더 멀리 떨어질 때 오른쪽 다리로 통베를 한다.

③ 그 후 왼쪽 다리로 무게중심을 옮겨서 서고 투르 앙 드오르를 한다

④ 남성은 **연습방법 1**(110쪽)에서 연습한 방식으로 여성을 잡아준다.

프레파라시옹 데가제로 투르 앙 드오르

① 여성은 세네를 정해진 수만큼 돈 후에 왼쪽 다리로 플리에를 한다.

② 무게중심으로 오른쪽 다리로 옮겨서 서고 투르 앙 드오르를 한다. 7-12

7-12

4번 포지션에서의 90도 아 라 스공드 투르 동작

① 4번 발 포지션에서 여성은 오른쪽 다리는 크루아제 자세로 앞에 두고 오른팔은 1번 포지션 왼팔은 2번 포지션으로 한다.
② 남성은 여성의 왼편에 서되, 여성이 투르 동작을 하면서 들어 올린 다리가 남성과 부딪치지 않을 정도의 거리에 선다. 7-13
③ 그 후에 여성은 독무처럼 투르를 하되, 3번 팔 포지션과 90도 아 라 스공드 자세로 투르 앙 드당을 한다.
④ 들어 올린 여성의 다리가 남성을 지나갈 때 남성은 여성 쪽으로 가까이 다가가 양손으로 허리를 잡고 정해진 포즈에서 멈춘다.

아티튜드 크루아제 포즈, 3번 아라베스크 포즈는 투르 동작에서 할 수 있는 자세이다. 돌고 난 후 정지할 때 드미플리에를 하거나 혹은 플리에 없이 포인트슈즈로 서 있는 포즈로 마무리하는 연습을 한다.

7-13

2단계
아 라 스공드, 크루아제, 아티튀드, 아라베스크 자세에서 시작하는 투르

첫 단계의 동작들을 잘 연습했다면 손을 잡고 서포트하면서 90도 아 라 스공드 자세에서 시작하는 투르를 연습하는 두번째 단계로 넘어간다. 여기서는 90도 아 라 스공드 자세를 고정한 후에 투르를 하는 동작을 먼저 연습한다. 이 동작이 익숙해지면 투르 랑을 하다가 멈추지 않고 바로 투르로 연결하는 동작을 연습한다. 이후 크루아제, 아티튀드, 아라베스크 등 다양한 포즈로 시작하는 투르를 연습한다.

앞으로 주로 투르 동작은 앙 드오르와 앙 드당, 플리에를 하는 방식과 플리에 없이 바로 투르 동작을 하는 방식, 남성이 여성의 뒤에 서서 시작하거나 남녀가 서로 마주 보고 서서 시작하는 방식으로 익히게 된다.

90도 아 라 스공드 투르 랑으로 시작하는 투르

① 서로 마주 보고 남성은 여성의 양손을 잡는다. 90도 아 라 스공드로 투르
  랑을 진행한다.

② 90도 아 라 스공드 자세에서 여성은 남성의 손을 밀면서 힘을 주고, 팔을
  3번 포지션으로 들어 올린 후 투르 동작을 한다.

③ 여성이 힘을 줄 때, 남성은 여성을 가볍게 밀면서 여성이 3번 포지션으
  로 팔을 올리도록 돕는다. 여성이 투르를 하면 양손으로 허리를 잡는다.

손목을 잡는 서포트 동작과
90도 아 라 스공드로 시작하는 투르

① 여성은 얼굴을 1번 방향으로 향하고 왼쪽 다리로 서서 90도 아 라 스공드 자세를 한다.

② 남성은 뒤에 서서 여성의 양 손목을 아래에서 받쳐준다.

③ 여성은 펴고 있는 오른쪽 다리를 들어 올린다.

④ 남성의 손을 밀면서 힘을 주어 투르 앙 드오르를 한다. 여성은 오른쪽 다리를 내리지 않고 90도 아 라 스공드 자세를 유지한다.

⑤ 여성이 투르 동작을 할 때, 팔은 3번 포지션으로 올리거나 가슴에 붙이는 2번 포지션을 유지한다.

⑥ 남성은 여성이 힘을 줄 수 있게 도와준 후 뒤로 넓게 한 스텝 나간다. 그리고 여성의 펴고 있던 오른쪽 다리가 남성의 몸을 지나가자마자 남성은 재빨리 다가가서 여성의 허리나 양손을 두 손으로 잡는다.

크루아제 드방 자세로 시작하는 투르 앙 드오르

① 여성은 8번 방향을 향해 왼쪽 다리를 축으로 한 수쉬 자세로 서 있고, 오른쪽 다리는 쉬르 르 쿠드피에 한다. 오른쪽 팔은 3번 포지션, 왼쪽 팔은 2번 포지션이다.

② 남성은 여성 뒤에 서서 위로 들어 올린 오른손으로 여성의 오른손을 손바닥끼리 마주 잡고, 왼손은 밑에서 여성의 손을 잡는다. 7-14

③ 여성은 투르를 하기 위해 힘을 주기 전에 오른쪽 다리를 에파세 방향으로 뻗으면서 감아준다.

④ 여성이 힘을 줄 때 남성은 여성의 오른팔을 3번 포지션에서 2번 포지션으로 내려주고, 이후에 여성이 양팔의 힘으로 회전할 수 있게 밀어준다.

⑤ 여성은 남성의 팔을 밀어 올려 자신의 팔을 1번 포지션으로 만든다.

⑥ 여성이 투르 동작을 할 때 남성은 양손으로 여성의 허리를 잡고 지탱해준다.

⑦ 투르 동작 후 남성은 여성을 아티튀드나 다른 여러 가지 포즈로 멈추도록 돕는다.

7-14

투르 동작의 완성도와 회전 횟수는 파트너들의 호흡과 동작이 얼마나 잘 맞느냐에 달려 있다. 그래서 회전을 하기 전 여성이 힘을 주는 순간, 파트너끼리 그 타이밍을 잘 느끼는 것이 가장 중요하다. 투르 동작을 제일 처음 연습할 때, 남성은 여성을 너무 심하게 밀지 않도록 힘을 많이 줄여야 한다.

여성이 혼자서 투르 동작을 완벽하게 할 수 있고 회전의 횟수도 늘어날 때, 남성은 여성의 허리를 받쳐주는 힘을 좀 더 강하게 가한다. 이 자세에서의 투르는 여성의 양 손목을 잡는 서포트 동작과 함께 할 수 있다. 여성은 팔을 2번 포지션에 두고 남성은 여성 뒤에 선다. 남성은 양손의 힘으로 여성이 회전할 수 있게 도와주고, 동시에 여성의 팔을 3번 포지션으로 밀어준다. 그리고 자신의 팔은 여성의 허리에 갖다 댄다.

아티튀드 포즈에서 투르 앙 드당

투르 동작을 하기 전에, 연습의 질을 높이기 위해 회전 자체는 생략한 다음의 과정을 여러 번 연습한다. 이 동작들을 완벽하게 연습했다면, 여러 가지 포즈와 자세에서 멈춰가면서 투르 동작을 할 수 있다.

① 투르 전에 여성은 왼손으로 남성의 왼손을 잡고, 오른손은 남성의 왼쪽 어깨를 잡는다. 오른쪽 다리로 아티튀드 에파세 포즈를 취한다. (처음 자세의 자세한 설명은 82쪽 **연습방법 1** 내용을 참고한다.)

② 여성은 왼쪽 다리를 한 번 움직이고 나서 앞 쉬르 르 쿠드피에로 옮기고, 팔은 3번 포지션을 취한다.

③ 힘을 주고 나서 여성은 남성의 팔을 놓고, 남성은 뒤로 넓게 한 발짝 내딛는다. 이때 여성은 투르 앙 드당을 한다.

④ 남성은 양손으로 여성의 허리를 지탱하면서 그 뒤에 선다. 이때 파트너끼리 서로 타이밍을 느끼는 것이 필수이다.

손목을 잡으면서 하는
1번 아라베스크에서의 투르

① 여성은 3번 방향을 바라보며 오른쪽 다리로 1번 아라베스크 포즈로 서 있고, 남성은 뒤에 서서 여성의 양쪽 손목을 잡는다. 7-15

② 남성은 여성이 회전할 수 있게 왼손으로 밀어주고 난 후 여성의 왼손을 놓는다. 여성의 왼팔은 1번 포지션을 한다. 7-16

③ 여성은 오른팔을 들어 올려 3번 포지션을 하고 남성은 여성이 중심을 수직으로 잘 잡도록 도와준다.

④ 투르를 할 때는 남성은 여성의 손목을 가볍게 잡되, 여성이 회전을 잘 할 수 있도록 돕는다. 그리고 여성이 움직이지 않도록 남성은 자세를 유지시켜 준다.

주의사항

이 투르 동작은 보통 앙 드당으로 한다. 투르 동작이 마무리될 때 여성이 다시 1번 아라베스크 포즈를 취해야 한다면 남성은 여성의 왼손을 잡아 멈춰 세우고 여성의 오른손을 처음의 자세로 돌려놓는다.

이 첫 자세에서 여성은 왼손을 위로 올리면서 투르 동작을 할 수 있다. 이 경우 여성이 회전할 때, 남성은 여성의 왼손을 받쳐주고 오른손을 놓는다. 그 어떤 경우에도 투르를 할 때는 남성이 잡고 지탱하는 여성의 팔은 3번 포지션이다.

여성이 작은 아티튀드 포즈를 유지하면서 하는 투르도 있다. 이때 남성은 여성이 남성을 치지 않게 약간 간격을 두고 선다. 그리고 들어 올린 팔의 포지션을 흐트리지 않으면서 여성의 손목을 잡는다.

7-15
7-16

크루아제 드방 자세에서의 투르 앙 드오르

① 여성은 8번 방향을 향해 왼쪽 다리로 서고, 오른쪽 다리는 앞 쉬르 르 쿠 드피에를 한다. 이때 여성의 왼쪽 팔은 2번 포지션이고 남성의 손가락을 잡는 오른쪽 팔은 3번 포지션이다.

② 남성은 여성 뒤에 선다. 남성은 오른손 세번째 손가락을 아래로 내려서 손을 여성의 머리 위에 놓는다. 7-17

③ 왼손은 아래에서 여성의 손바닥과 마주 잡는다.

④ 여성은 오른쪽 다리를 약간 앞으로 내밀면서 회전하기 위한 힘을 준다. 이와 동시에 왼손으로 남성의 왼손을 밀면서 그 손을 준비자세로 옮겨 놓는다.

⑤ 회전할 때 여성은 남성의 손가락을 계속해서 잡는데 너무 꽉 잡지 않도록 주의한다.

⑥ 투르 동작이 끝나면 남성은 처음처럼 여성의 왼손을 잡고, 여성이 처음 자세를 하도록 도와준다.

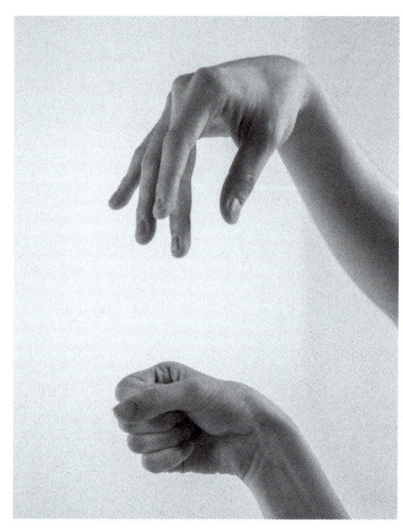

7-17

주의사항

남성의 왼손은 힘이 있어야 한다. 왜냐하면 여성이 남성의 왼손을 아주 힘차게 밀어야 하기 때문이다. 남성의 오른손은 정확하게 여성의 머리 위에 있어야 하고 움직이지 않아야 한다. 손가락을 잡고 하는 투르 동작은 여러 가지 자세로 시작할 수 있지만 원칙은 그대로 지킨다.

1번 아라베스크 포즈에서의 투르 앙 드당

① 남성이 오른쪽 무릎을 7번 방향을 향해 꿇고 시작할 경우, 여성의 팔은 손바닥을 위로 향한 2번 포지션으로 한다.

② 여성은 등을 7번으로 향하게 하고 남성과 마주 보면서 남성으로부터 서 너 스텝 떨어져서 선다.

③ 여성은 남성 쪽으로 다가가거나 달려가서 남성의 양손을 마주 잡고 오른 쪽 다리로 서서 1번 아라베스크 포즈를 만든다. 이때 여성은 남성 쪽으로 가는 거리를 잘 계산한다. 여성이 회전할 때 남성이 양손으로 여성의 허리를 잡아야 하고, 여성은 자신의 몸을 앞으로 굽히지 않아야 하기 때문이다. 7-18

④ 그 후 여성은 남성의 손을 밀고 똑바로 서서 힘을 주어 투르 앙 드당을 한다.

⑤ 여성이 회전할 때 남성은 한쪽 무릎을 꿇고 앉아 양손으로 여성의 허리를 잡아준다.

이 투르 동작은 다음 두 가지 방법으로 시작할 수 있다. 하나는 연습방법의 과정처럼 남성이 한쪽 무릎을 꿇고 있고 여성이 남성을 향해 걸어오거나 달려오는 방법이고, 다른 하나는 파트너가 둘 다 동시에 서로를 향해 다가온 후 남성이 한쪽 무릎을 꿇는 방법이다.

7-18

3단계
손이나 허리를 잡고 시작하는 다양한 투르

연습방법 1

여성의 손을 잡고 하는 투르

① 여성은 오른쪽 다리로 서서 아티튀드 에파세 포즈를 한다.

② 남성은 여성과 마주서서 오른팔을 1번 포지션으로 하고 여성과 오른손을 서로 마주 잡는다. 7-19

③ 여성은 서 있는 다리를 드미플리에로 내려오고 앙 드당을 돌기 위해 힘을 준다. 이때 여성을 지탱해주는 남성의 오른손은 강하고 탄력이 있어야 한다.

④ 여성이 남성의 손을 밀어서 회전을 시작하자마자 곧바로 남성은 양손을 여성의 허리로 옮겨서 정해진 자세로 멈추고 투르 동작이 끝날 때까지 잡아준다. 이후에 이 투르 동작을 플리에 하지 않고도 연습한다.

7-19

한 손으로 여성의 손목을 잡고 하는 투르

① 여성은 3번 방향으로 오른쪽 다리로 서고, 팔을 높이 드는 1번 아라베스크 자세를 한다.

② 남성은 한 스텝 정도 물러나서 여성과 마주 서고 오른손으로 여성의 오른쪽 손목을 잡는다. 7-20

③ 남성은 들고 있는 여성의 오른팔을 3번 포지션에 남겨두고, 왼팔은 준비 자세로 옮기면서 앙 드당으로 투르 동작을 한다. 여성이 투르를 하기 위해 힘을 줄 때 남성은 여성의 오른팔을 머리 위로 옮겨준다. 즉, 여성이 몸의 회전축을 세우면서 들고 있던 팔을 3번 포지션으로 옮기는 것이다.

7-21

주의사항

여성이 힘을 줄 때 남성의 팔은 매우 탄력이 있어야 한다. 왜냐하면, 여성이 그 팔을 밀어 올리며 턴을 돌기 때문이다. 회전할 때 여성의 팔은 남성의 손안에서 자연스럽게 돌아가야 하므로 남성은 절대로 여성의 손목을 세게 움켜쥐지 않도록 주의한다.

만일 투르 동작 후에 여성이 다시 1번 아라베스크 포즈를 취하면, 남성은 여성이 회전하면서 자신의 머리 위에 두었던 팔을 처음 자세로 돌려놓는다.

회전을 한 후에 여성은 파트너가 도와주기를 기다리지 않고 혼자서 멈춰서야 한다. 만일 정해진 투르 횟수의 에너지에 비해 여성의 힘이 너무 세면 남성은 회전을 멈추려고 여성의 손목을 강하게 잡게 되고 이로 인해 여성은 손목을 부상당할 수 있다.

손목을 잡고 하는 투르 동작을 할 때도 남성은 여성과 마주서서 진행할 수도 있고 여성의 뒤에 서서 할 수도 있다.

7-20
7-21

남성이 한 손으로 여성의 허리를 잡고
아티튀드 포즈로 하는 투르

① 여성은 왼쪽 다리로 서고 오른쪽 다리는 90도 아 라 스공드를 한다. 팔은
   2번 포지션이다. 남성은 1번 방향을 향하며 여성의 오른쪽에 서고 왼손
   으로 여성의 오른손을 마주 잡는다. 7-22

② 여성은 왼쪽 다리로 드미플리에를 한 뒤 남성의 팔을 밀어 올리며 힘을
   주어 아티튀드 포즈로 투르 앙 드당을 한다. 이때 팔은 3번 포지션이다.

③ 이때 남성은 여성이 스스로 투르를 할 수 있도록 별도의 서포트를 하지
   않는다. 여성이 투르를 한 뒤 여성의 왼쪽 어깨가 남성을 향할 때 남성은
   여성에게 크게 한 스텝 다가가고 오른손으로 여성의 허리를 잡는다.

④ 여성은 왼팔을 2번 포지션으로 벌려 남성의 어깨를 감싸고 나서 양쪽 어
   깨에 중심을 싣는다. 7-23

⑤ 여성이 투르를 할 때, 남성은 여성을 잡고 남성도 똑같은 속도로 원을 따
   라 움직이고 여성이 아티튀드 에파세 포즈가 되면 여성을 멈춘다. 7-24

이 동작은 여러 방법으로 변형하여 연습할 수 있다.

- 남성은 한손으로 여성의 허리를 잡고 여러 바퀴 투르 랑을 하며 걷는다.
- 여성은 팔꿈치를 구부린 왼팔로 남성의 오른쪽 어깨를 누른다.
- 여성은 혼자서 한 바퀴 반을 돌고 남성은 여성의 허리를 감싼다.

이런 동작에서 남성은 투르 랑을 계속하면서 여성이 동작을 마무리할
시점에 여성에게 다가가서 여성이 회전축에서 벗어나지 않도록 서포트하
고 여성이 투르를 시작할 때와 같은 속도로 원을 따라 이동한다.

7-22
7-23   7-24

여성이 한 손으로
남성의 손가락을 잡고 하는 투르

앞서 설명한 손을 잡고 하는 서포트와 투르 방법을 익힌 후 다음 동작들을 연습한다. 앞서 설명한 방법에서는 여성이 투르 동작을 시작하기 전에 자신의 팔과 남성의 팔을 머리 위로 올리도록 했다. 여기서는 투르 동작을 시작하기 전에 여성이 직접 팔을 올리는 것이 아니라 남성이 도와서 팔을 올리도록 한다는 점에서 차이가 있다. 이 투르 동작의 완성도와 투르의 횟수는 남성이 얼마나 정확하게 여성의 회전축을 잘 잡아주고, 여성의 팔을 머리 위로 잘 올리는지에 달려 있다.

이 투르 동작은 스텝, 통베, 파 드 부레, 혹은 여성이 혼자서 할 수 있는 다른 동작들과 함께 익힌다. 투르 동작 후에는 클래식발레에서 정해진 작은 포즈나 큰 포즈에서 멈출 수 있어야 한다. 만일 여성이 플리에 없이 포인트슈즈로 서 있는 상태에서 회전을 멈출 경우에는 남성은 자연스럽게 여성의 손을 잡거나 허리를 잡아 서포트한다. 만일 여성이 투르 후에 드미플리에로 동작을 마무리할 경우에는 남성의 도움이 반드시 필요하진 않다.

고전발레 작품으로 본
파드되의 밸런스와 간격

발레의 파드되에서는 두 사람이 각각 무게중심과 축을 갖고 그것을 파트너와 합을 이루는 과정을 거쳐야 한다. 〈잠자는 숲속의 미녀The Sleeping Beauty(1890)〉 1막 중 로즈 아다지오는 이 점을 명확하게 보여준다. 여성에게는 정확한 밸런스를, 남성에게는 여성의 손과 손목, 허리를 잡고 서포트하는 훈련을 요구하기 때문이다. 오로라 공주는 데블로페로 투르를 하며 몸의 축을 바로 세워야 하고, 네 명의 왕자가 손을 내밀며 프로포즈하는 동안에는 내내 아티튀드로 밸런스를 잡아야 한다.

〈잠자는 숲속의 미녀〉에서는 디베르티스망에 등장하는 플로린 공주와 파랑새의 파드되도 유명하다. 로즈 아다지오가 정적인 밸런스의 미를 보여준다면, 파랑새 파드되는 동적인 밸런스의 미를 보여준다. 플로린 공주가 한 다리를 아 라 스공드로 들고 투르를 하다가 파세로 피루엣을 돌고 팡셰로 이어지는 동작, 혹은 플로린 공주가 주테로 날아온 뒤에 이어서 피루엣을 하고 아라베스크나 팡셰로 투르를 하는 동작이 대표적이다. 이때 남성인 파랑새의 서포트를 살펴보면 플로린 공주와의 간격, 회전 속도를 맞춰 도는 방법, 플로린 공주의 움직임을 멈추는 타이밍이 명확한 것을 알 수 있다.

고전발레 작품 중에 극적인 파드되를 보여주는 장면은 〈백조의 호수Swan Lake(1877)〉의 흑조 파드되이다. 흑조의 캐릭터와 음악의 변화 때문인데 그만큼 흑조와 지크프리트 왕자의 호흡이 중요하다. 이 파드되에서도 흑조가 앙 드당으로 피루엣을 돌다가 아라베스크나 아티튀드로 마무리하는 동작은 주요하게 등장한다. 주테, 르티레, 아 라 스공드, 피루엣, 아라베스크로 이어지는 전반부의 장면은 포르 드 브라의 머리의 움직임과 더해져 흑조의 매혹적인 자태를 드러낸다.

로즈 아다지오, 파랑새 파드되, 흑조 파드되에서는 공통적으로 투르 랑이 자주 등장한다. 이 장면을 통해 여성의 밸런스, 두 사람의 간격, 투르를 하는 회전축, 함께 이동하는 방법들을 확인할 수 있다.

8

축이 기울어지는 포즈의
3단계 동작 방법

지금까지의 연습에서 가장 중요한 것은 '밸런스 잡기'이다. 남녀 모두 자신의 배와 등 근육을 단단히 하고 코어를 잘 잡을 수 없다면 앞으로 연습할 '축이 기울어지는 포즈의 동작'을 할 수가 없다. 특히 여성은 포인트슈즈를 신고 혼자서 정확하게 밸런스를 잡을 수 있어야만 축이 기울어지는 동작을 할 수 있는데 이때 무엇보다 등 근육이 중요하다. 등을 단단하게 잡을 수 없으면 남성과 파드되를 하며 기울어지는 자세를 할 때 그대로 쏟아져 버리게 된다. 즉, 등판을 잡고 버티는 힘이 중요하다. 축이 기울어지는 동작을 할 때 직선뿐 아니라 휘어지는 포즈에서도 풀업을 하고 등은 단단하게 고정해야 한다. 남성도 여성의 허리를 안거나 손 또는 손목을 잡고 여성의 축을 기울일 때, 밸런스를 잘 잡고 서포트해야 이 동작에 균형감이 생긴다. 처음 연습할 때는 쏟아지거나 무너지거나 넘어지는 경우가 많을 수밖에 없는 동작이다.

이 동작을 처음 연습할 때는 천천히 연습해서 두 사람이 밸런스 호흡을 맞추도록 한다. 남성이 플리에를 하며 여성의 축을 받쳐줄 때도 여성이 흔들리지 않도록 천천히 플리에를 해야 한다. 두 사람이 서로의 밸런스와 축을 이해하고 익숙해지면 점차 〈돈키호테Don Quixote(1869)〉처럼 빠른 속도로 축을 기울이는 동작을 수행할 수 있게 된다.

1단계
\ 축이 기울어지는 기본동작 /

| 연습방법 1 |

옆으로 축이 기울어지는 기본동작

① 여성은 오른쪽 다리를 앞에 둔 5번 포지션에서 에폴망을 하고, 팔은 3번 포지션을 취한 채 어깨와 허리를 오른쪽으로 살짝 구부린다.

② 남성은 여성 뒤에 서서 양손을 허리를 잡는다. 그다음에 남성은 왼발을 여성의 왼쪽 발끝까지 붙인다.

③ 남성은 오른손으로 여성을 안는데, 여성의 오른쪽 옆구리가 남성 팔꿈치의 굽혀진 쪽으로 오도록 안는다. 왼손은 자신의 오른손 위에 놓고 꽉 잡는다. 8-1

④ 남성은 여성을 자신에게 밀착시키고서 자신의 오른쪽 다리 옆으로 여성의 몸을 기울인다. 이때 남성은 자신의 상체를 앞으로 기울이지 않도록 하며 여성의 축을 유지시킨다. 여성의 몸이 남성의 오른쪽 다리 옆으로 내려갈 때 여성은 자신의 제일 처음 자세와 축을 정확하게 유지한다. 즉, 허리를 오른쪽이나 왼쪽 어느 쪽으로도 구부려서는 안 된다. 8-2

⑤ 처음 자세로 여성을 되돌릴 때는 남성이 오른쪽 다리로 힘 있게 밀어서 올린다. 이때 남성의 상체와 손의 자세는 변하지 않는다.

8-1
8-2

축이 기울어지는 자세에서 팔꿈치의 굽혀지는 쪽으로 축을 내리는 동작은, 이 연습방법처럼 옆구리가 바닥을 향하는 동작을 포함하여 등이 바닥을 향하는 경우와 가슴이 바닥을 향하는 경우 총 세 가지 방식을 모두 익히도록 연습한다. 8-3~4

8-3
8-4

2단계
＼ 양손으로 지탱하는 축이 기울어지는 동작 ／

연습방법 1

양손 손목을 잡고
1번 아라베스크 포즈로 축 기울이기

① 여성은 오른쪽 다리로 서서 높은 1번 아라베스크 포즈를 한다.

② 남성은 여성 뒤에 서서 양쪽 손목을 잡는다.

③ 남성은 왼쪽 발을 여성이 서 있는 오른쪽 다리의 발끝에 붙인다. 그리고 오른쪽 골반의 위치를 3번 방향을 향하여 앞으로 내민다.

④ 이때 서로 가까이 있던 두 사람의 몸은 점차 멀어지지만 쏟아지지 않기 위해 버텨야 한다. 남성은 구부리고 있던 왼쪽 팔꿈치를 자연스럽게 천천히 펴면서 3번 방향을 향해 여성의 축이 기울어지는 자세로 내린다. 쏟아지지 않기 위해 버티면 왼쪽 팔꿈치를 펴야 한다. 기본적인 무게를 남성의 왼팔에 두어야 여성의 포즈가 정확해진다.

⑤ 이 동작에서 여성은 오른쪽 허벅지 앞쪽으로 넘어지는 자세를 취하고, 허리를 뒤로 넘겨야 한다. 8-5

⑥ 남성이 여성을 자신의 쪽으로 빠르게 끌어당겨서 여성의 손목을 잡은 처음의 자세로 돌아온다. 혹은 남성의 손을 여성의 허리로 옮겨서 처음의 자세로 돌아온다.

8-5

양손으로 여성을 서포트해서
1번 아라베스크 포즈로 축 기울이기

① 여성은 오른팔을 평소보다 약간 높게 올리고 손바닥은 위로 향하게 한다. 여성은 오른쪽 다리로 서서 높은 1번 아라베스크 포즈를 한다.

② 남성은 오른손으로 여성의 오른손을 위에서 마주 잡는다. 이때 남성은 손을 최대한 아래로 내린다. 그렇게 해야 여성의 손이 자연스러운 위치와 모습을 취할 수 있다.

③ 남성의 왼손으로 여성의 왼손을 아래에서 잡는다. **연습방법 1**(142쪽)과 같이 연습한다. **연습방법 1** ①~④와 방법은 같지만 손을 잡는 방법이 다르다. 이 연습에서는 서로 손바닥을 잡는다. 8-6

8-6

양손을 사용하고
남성의 등 뒤로 여성의 축을 기울이기

① 파트너들은 한 스텝 정도 떨어져서 서로 마주 보고 선다. 여성의 등은 7
   번 방향이고, 남성의 등은 3번 방향이다.

② 여성은 한 스텝 앞으로 나가 오른쪽 다리로 서서 아티튀드 크루아제 포
   즈를 만들고 팔은 2번 포지션을 취한다.

③ 남성은 양손으로 손바닥끼리 마주 잡아 여성을 지탱해준다. 8-7

④ 남성은 왼손으로 여성의 오른손을 3번 포지션에, 오른손으로는 여성의
   왼손을 준비자세로 옮긴다.

⑤ 이때 여성은 왼쪽 다리를 티르부숑이나 쉬르 르 쿠드피에 자세로 한다.

⑥ 서로 등이 마주하도록 돌면서 남성은 자신의 왼손을 여성의 3번 포지션
   을 한 손에 그대로 남겨두고, 오른손으로 여성의 팔을 2번 포지션으로
   만든다. 8-8

⑦ 여성의 굽혀진 다리의 무릎이 남성 옆을 지나자마자, 남성은 왼발을 여
   성의 축이 되는 오른쪽 다리에 붙이고, 두 사람은 서로 등을 붙인다.

8-7
8-8

⑧ 여성은 왼쪽 다리를 앞으로 90도 데블로페 동작으로 들어 올린다.

⑨ 남성은 자신의 오른쪽 다리와 몸을 직선 상태로 유지하면서 자신의 왼쪽 다리에 무게를 싣고 3번 방향을 향해 여성을 축이 기울어지는 자세로 내린다. 이때 여성의 몸과 축이 되는 다리는 일직선을 유지해야 한다. 8-9

⑩ 남성은 오른쪽 다리로 바닥을 밀어 올려서 처음의 자세로 돌아온다. 그리고 여성이 수직자세를 유지하며 움직이지 않게 도와준다.

⑪ 축이 기울어지는 자세에서 돌아올 때, 파트너들은 반대로 돌면서 처음 포즈로 돌아간다. 여성의 팔은 1번 포지션을 거쳐 1번 아라베스크를 만들고, 남성은 여성의 팔을 내리고 나서 양손으로 여성의 허리를 잡아채면서 재빨리 여성과 마주 서도록 한다.

8-9

한 손은 여성의 허리, 다른 손은 손목을 잡고
여성의 축 기울이기

① 여성은 오른쪽 다리가 앞에 오는 5번 포지션으로 서 있고 오른팔은 3번 포지션, 왼팔은 2번 포지션으로 둔다.

② 남성은 여성 뒤에 서서 오른손으로 여성의 오른쪽 손목을 잡는다. 왼팔로는 여성의 허리를 감싸되, 자신의 손가락이 여성의 오른쪽 골반뼈에 오게 한다. 8-10

③ 남성은 여성을 3번 방향으로 향하도록 돌린다. 이 방향으로 오른쪽 다리를 내딛어서 여성을 축이 기울어지는 자세로 내린다. 8-11

④ 이 동작을 하는 과정에서 파트너들의 상체는 어깨선 경계보다 약간 앞으로 내민다. 무게중심은 남성의 왼손에 있고, 남성의 오른손은 도움을 주는 역할을 한다.

⑤ 축이 기울어지는 자세에서 여성을 수직자세로 돌려놓는다. 여성이 되돌아올 방법은 앞의 **연습방법 3**(148쪽 ⑪)을 참고한다.

    1번 아라베스크와 아티튀드 에파세에서 축이 기울어지는 자세로 내릴 때와 같은 방법이 사용된다. 나중에 이 동작에서 여성의 손목을 잡지 않는 방식으로도 연습한다.

8-10
8-11

두 다리로 축 기울이기

① 여성은 오른쪽 다리가 앞에 오는 5번 포지션으로 서고, 팔은 3번 포지션이다.

② 남성은 여성 뒤에 서서, 왼손으로 여성의 왼손 손목을 잡는다.

③ 남성은 왼쪽 다리를 여성의 서 있는 발끝에 갖다 대면서 오른손 손가락을 왼쪽 골반뼈에 두어 여성의 허리를 감싼다.

④ 여성을 3번 방향으로 돌리면서 같은 방향으로 오른쪽 다리를 내딛는다. 왼손으로는 계속해서 여성의 손목을 잡고 있다.

⑤ 여성은 두 다리로 축이 기울어지는 자세를 한다.

아라베스크 동작에서
두 다리로 옮겨 축 기울이기

① 여성은 오른쪽 다리로 서고 3번 방향을 보며 1번 아라베스크 포즈를 취한다.

② 남성은 여성 뒤에 서서 양쪽 손목을 잡는다.

③ 남성이 왼손을 놓으면, 여성은 왼쪽 다리를 5번 포지션 앞에 놓고 왼손은 3번 포지션을 하면서 반 바퀴 투르를 한다.

④ 여성의 등이 3번 방향이 되면 남성은 왼팔을 여성의 허리에 단단히 두르고 왼쪽 발을 여성의 발끝에 받쳐준다.

⑤ 남성은 여성의 등을 바닥 쪽으로 내리면서 자신의 오른쪽 다리를 3번 방향으로 내딛는다.

⑥ 여성을 수직자세로 돌아오게 하는 방법은 앞의 **연습방법 3**(148쪽)을 참고한다.

3단계
\ 한 손으로 지탱하는 축이 기울어지는 동작 /

연습방법 1

한 손으로 허리를 감싸면서 1번 아라베스크 포즈에서
축이 기울어지는 자세로 여성을 내리는 동작

① 여성은 8번 방향을 향해 왼쪽 다리로 서서 높은 1번 아라베스크 포즈를 한다.

② 남성은 1번 방향을 향해 여성의 왼쪽에 서고 여성과 시선을 맞춘다. 그리고 여성의 허리를 오른손으로 감싸 안아 지탱한다. 이때 손가락의 끝이 여성의 오른쪽 골반뼈에 닿도록 한다.

③ 남성의 왼손은 옆으로 뻗고 손바닥은 바닥을 향한다.

④ 남성의 오른발은 여성의 축이 되는 왼쪽 다리의 발끝에 갖다 댄다.

⑤ 여성은 이때 왼쪽 허벅지를 남성의 오른쪽 허벅지에 의지한다. 8-12

⑥ 남성은 여성 옆에 밀착한 후 왼쪽 다리를 옆으로 떨어지듯 구부려 여성을 축이 기울어지는 자세로 내린다.

⑦ 남성이 여성을 기울일 때 여성의 오른쪽 다리와 상체는 일직선이 돼야 한다. 8-13

⑧ 남성은 왼쪽 다리의 미는 힘을 이용해서 첫 자세로 돌아온다.

154

8-12
8-13

파트너가 축이 기울어지는 자세를 취하려고
내려가는 동작

① 파트너들은 1번 방향을 향해 서는데 이때 여성은 남성의 오른쪽에 선다.

② 여성은 왼손으로 남성의 손을 잡고, 자신의 손바닥을 바닥을 향하게 해서 남성의 오른쪽 손바닥 위에 오게 한다.

③ 여성의 오른팔과 남성의 왼팔은 준비자세를 취한다.

④ 여성은 오른쪽 다리를 앞에 둔 5번 포지션으로 서 있는다.

⑤ 남성은 오른쪽 발을 여성의 발끝에 갖다 대고 왼발을 자신의 오른쪽 발에 갖다 댄다. 발은 거의 6번 포지션이다. 이때 두 사람은 손을 잡은 채로 밸런스를 유지한다. 8-14

⑥ 이 자세에서 파트너들은 천천히 팔을 1번 포지션을 거쳐서 2번 포지션으로 벌린다. 이때 여성은 두 팔이 모두 2번 포지션이지만, 남성은 왼쪽 팔만 2번 포지션이다. 남성은 오른쪽 팔의 팔꿈치를 굽혀 여성의 왼손을 잡는다.

⑦ 이때 남성은 여성의 왼손을 자신의 가슴에 갖다 댄다.

8-14

⑧ 남성은 천천히 오른쪽 팔꿈치를 편다. 남성의 팔이 끝까지 다 펴졌을 때, 두 사람은 균형을 유지하면서 축이 기울어지는 자세로 있게 되는 것이다. 이때 두 사람의 시선 처리에는 두 가지 방법이 있다. 하나는 서로 바라보다가 그대로 마무리 동작을 하는 방법이고, 또 하나는 서로 바라보다가 각자 바깥쪽으로 시선을 돌려 멀리 바라본 후 다시 시선을 모아 마무리 동작을 하는 방법이다. 8-15

⑨ 남성은 왼쪽 옆으로 반 스텝 나가는 동시에 빠르게 오른팔을 잡아당기면서 처음의 자세로 돌아온다.

⑩ 여성을 수직자세로 돌려놓고서, 남성은 양손으로 여성의 허리를 지탱한다. 그리고 여성은 정해진 포즈로 마무리한다.

기울어지는 내내 파트너들은 등을 꼿꼿하게 유지하여 상체가 구부러지지 않도록 계속 몸통을 고정한다. 또 남성이 여성의 손을 잡고 서포트하면서 여성의 몸을 내리는 동안 언제나 남성은 여성의 손이 자연스러운 위치에 있게 노력한다.

8-15

한 손으로 손을 잡고 1번 아라베스크 포즈에서
여성의 축을 기울이기

① 여성은 왼쪽 다리로 서서 1번 아라베스크 포즈를 한다.

② 남성은 여성 뒤에 달라붙어 서고, 왼손으로 여성의 왼쪽 손목을 잡는다.

③ 오른손으로 여성의 오른손을 아래에서 마주 잡는다.

④ 여성은 남성의 오른쪽 다리에 왼쪽 발끝을 붙이고 선다.

⑤ 여성은 오른발을 아라베스크 높이로 뒤로 들어 올리고, 남성은 왼발을 앞
　으로 내밀어 여성을 잡아당기는 힘을 만든다. 이때 남성은 오른손으로
　여성의 가슴을 당겨 안는 느낌을 가지고 왼손은 팔꿈치를 펴서 아래로
　축이 기울어지는 자세로 내린다. 8-16

⑥ 남성은 왼쪽 팔로 여성을 빠르게 끌어당기는 느낌을 가지며 여성을 처음
　자세로 되돌린다. 그리고 양손으로 여성의 허리나 양쪽 손목을 잡는다.

8-16

신고전주의 발레 〈아폴로Apollo〉를 통해서 본 축이 기울어지는 자세

1928년, 게오르게 발란친George Balanchine(1904~ 1983)은 이고리 스트라빈스키Igor Stravinsky(1882~ 1971)의 음악에 맞춰 줄거리가 없이 음악적 심상을 춤으로 표현한 신고전주의 발레 〈아폴로(1928)〉를 만들었다. 이 작품은 발레사에서 신고전주의의 문을 연 신호탄이 됐다는 의미가 있지만 움직임에 있어서도 고전발레와 확연히 다른 부분이 있었다. 특히 턴인과 오프밸런스를 적극 활용했다. 이런 점 때문에 모던발레가 태동하는데 있어서 게오르게 발란친의 신고전주의 작품들은 큰 역할을 했다고 생각한다.

이 작품은 아폴로와 세 명의 여신이 만들어내는 신체와 움직임의 구조적인 미가 매력인데, 중반에 아폴로와 춤의 여신 테르프시코레의 파드되가 들어감으로써 구성의 묘미를 살렸다. 이 파드되에서는 축을 기울이는 동작이 중요하게 등장한다. 여성이 아라베스크 포즈에서 축을 기울이는 자세를 할 때 남성이 한 손으로 여성의 허리를 감싸는 점, 여성이 자신의 축이 되는 다리를 남성의 허벅지에 붙이면서 지탱하는 점을 확인할 수 있다.

파드되의 마지막 부분에서는 테르프시코레가 아폴로의 등을 향해 기대면서 축이 기울어지는 자세를 하며 마무리되는데, 이때 여성의 몸과 축이 정확하게 일직선을 유지하는 걸 볼 수 있다. 두 사람이 서로 등을 맞대면서 내려가는 자세를 할 때와 마찬가지이다. 축은 기울어지되 절대 꺾이지 않는다는 점을 기억해야 한다.

하늘에 피는 꽃,
리프트

3부

이제까지 우리는 플로어에 발을 놓고 하는 파드되, 파트너끼리 몸을 붙이고 하는 파드되에 대해서 알아봤다. 이제 파트너의 몸이 서로 떨어진 상태에서 이뤄지는 기술을 연습할 차례다. 앞서 말한 것처럼 파트너 간의 몸이 멀어질수록 파드되 기술의 난도가 올라간다. 플로어나 파트너의 몸에 의지하거나 지탱하는 것이 아니라 그야말로 자신의 힘으로 공중에서 춤을 춰야 한다. 그 기술의 정점은 리프트이다. 3부에서는 본격적으로 리프트를 하게 된다.

리프트 동작은 시각적으로 대부분 묘기에 가까운 구조와 움직임을 보인다. 남성이 한 손으로 여성을 번쩍 들어 올리는 리프트는 보고 있는 관객들을 아찔하게 만들기도 한다. 하지만 모든 리프트는 단순한 묘기가 아니라 과학적인 원리에 의해서 실행된다. 가장 중요한 점은 무게중심이다. 남녀 무용수 모두 각각 자신의 무게중심을 찾고 밸런스를 잡을 수 있어야 비로소 파드되를 할 수 있는 준비가 된 것이다. 를르베, 아라베스크, 아티튀드 등 발레의 많은 동작과 포즈는 자신의 균형점을 정확히 알아야 구사할 수 있는 동작들이고, 종종 파드되에 주요하게 쓰인다. 파드되 리프트의 과학적 원리는 이것이다. 남성이 자신의 무게중심을 잡아 바로 서고, 여성을 그 무게중심에 맞춰서 위로 쌓아 올리는 것이다. 두 사람의 무게중심이 블록을 끼운 것처럼 하나의 무게중심으로 딱 맞아떨어질 때 리프트는 성공적으로 이뤄진다. 반대로 이 무게중심을 맞추지 못하면 앞으로 혹은 뒤로 넘어지거나 부상으로 이어질 수 있다. 1부와 2부에서는 각자 자신의 중심을 이해하고 밸런스를 잘 지키는 것이 중요했다면 3부에서는 서로의 무게중심을 잘 맞춰서 하나의 동작과 춤으로 잇는 연습을 한다.

9

리프트의 기본

파드되의 리프트에서 가장 핵심은 두 사람이 각자의 무게중심을 하나로 공유하는 것이다. 두 사람이 무게중심을 맞추기 위해서는 서로의 템포를 잘 느껴야 한다. 즉, 서로 동작의 속도를 정하고 이 속도를 기술적으로 정연하게 구사할 수 있도록 준비한 후 리프트를 연습한다. 이 동작 속도의 기준은 음악이다. 두 사람의 동작은 음악 템포에 완전히 일치해야 한다. 그래야 파드되를 보다 가볍고 정확하게 할 수 있다.

리프트를 가르치는 지도교사는 배우는 사람들이 다치지 않도록 보호하고, 리프트의 방법과 학습 내용을 잘 숙지한 후에 지도한다. 만일 이전에 해 본 적 없는 새로운 리프트 방법이 콤비네이션에 포함되어 있으면, 그 동작을 먼저 익히도록 여성에게 먼저 연습 과제를 주고 그다음에 남성에게 연습 과제를 주어야 한다. 그 이유는 여성의 중심에 따라서 남성의 동작이 달라지기 때문이다. 새롭고 어려운 동작을 할 경우, 지도교사는 동작에 대해 설명하고 나서 각각 따로 연습하도록 지도한다.

남성은 동작의 규칙을 엄격하게 지키고, 동작을 수행할 때 강한 집중력을 가져야 한다. 파드되에서 남성이 부주의할 경우 부상으로 이어질 가능성이 크기 때문이다. 콤비네이션을 빠른 속도로 하거나 혹은 같은 동작을 여성에게 두세 번 이상으로 연달아 시키는 등 무리하게 연습하지 않도록 주의한다.

특히 여성을 들어 올리고 공중으로 던지는 어려운 동작을 배울 때는 부상을 방지할 예방책을 미리 강구한다. 이런 동작을 할 때 남성은 여성을 위로 던져서 잡기 때문에 다칠 가능성이 있고, 여성은 공중에서 자신의 자세를 바꾸거나 처음 포즈를 그대로 유지해야 하기 때문에 쉽지 않다. 그래서 동작이 실패할 경우에 대비해 지도교사나 다른 사람이 곁에 서서 여성을 안전하게 보호할 수 있어야 한다.

리프트할 때 파트너가 주의해야 할 점

파트너는 서로의 호흡으로 리프트를 시작할 때의 신호를 알아채야 한다. 공중 리프트에서는 파트너들이 각자의 동작을 콤비네이션해서 혼자서도 구사할 줄 아는 것이 매우 중요하다. 혼자서도 할 수 있어야 같이 합을 맞춰 리프트를 할 수 있다. 여성은 위로 도약하거나 앞으로 점프할 때 남성의 몸을 지나치거나 서로 어긋나지 않도록 각도와 방향을 잘 계산한다. 특히 점프로 이동할 때는 남성의 팔, 어깨, 가슴 등에서 정확히 동작이 끝날 수 있게 해야 한다. 정해진 규칙을 잘 지켜야 파드되 리프트를 도와주는 남성의 신체적 부담감을 덜어줄 수 있다. 동작의 기술뿐 아니라 자연스러운 연결, 서로 간의 신뢰, 그리고 곤경에 빠졌을 때 빠르게 대처하는 순발력은 리프트를 하는 데 있어서 꼭 필요한 부분이다.

리프트할 때 남성이 꼭 주의해야 할 점

① 남성은 자신의 어깨, 가슴, 팔 위로 여성을 들어 올릴 때 허리를 구부려서는 안 된다. 즉, 등을 항상 꼿꼿하게 유지해야 한다. 여성을 들어 올리거나 혹은 큰 점프가 들어가는 동작을 하는 경우 남성이 제일 다치기 쉬운 곳이 허리와 무릎이기 때문이다.
② 남성이 단순히 자신의 신체적 힘으로만 들어 올리지 않아야 한다. 최대한 여성의 점프를 이용하면서 여성을 들어 올린다. 이렇게 해야 남성도 최소한의 힘을 사용해서 리프트할 수 있고, 여성도 가볍고 날아가는 듯한 장면을 연출해낼 수 있다.

리프트할 때 여성이 꼭 주의해야 할 점

① 남성이 자신의 신체적인 힘으로만 여성을 들어 올리지 않는 것처럼 여성
도 남성의 힘에만 의지하지 않고 자기 호흡과 힘으로 점프해야 한다는
점을 기억한다. 두 사람의 호흡과 에너지의 합이 잘 맞을 때 부상의 위험
도 줄어든다.

② 여성은 클래식발레의 독무를 할 때와 마찬가지로 최대한 정확하게 동작
을 구사한다. 평상시 근육의 힘을 길러놔야 리프트를 할 수 있다. 이 근
육의 힘으로 자신의 몸을 들어 올려야 여성 스스로도, 리프트를 해주는
남성도 가볍게 느껴진다.

③ 남성이 양팔을 모두 펴서 여성을 들어 올린 상태라면 여성은 절대 임의
로 자신의 포즈를 바꿔서는 안 된다. 이미 파트너 간의 몸이 최대치로 떨
어져 있기 때문에 포즈를 바꾸다가 부상으로 이어질 가능성이 커진다.

10

낮은 높이의 리프트

작은 점프
＼ 남성의 가슴과 어깨까지 들어 올리는 동작 ／

작게 점프하는 동작(작은 점프)은 탕 르베, 소테, 샹주망 드 피에, 아상블레, 시손 페르메, 파 드 바스크 등이 대표적이다.

리프트에서 이런 작은 점프들은 중요하다. 반드시 리프트와 작은 점프는 함께 연결해서 익혀야 하고 점프는 독무와 똑같은 방법으로 한다. 이 점프들은 두 다리로 뛰어서 두 다리로 끝나는 점프, 두 다리에서 시작해서 한 다리로 끝나는 점프, 한 다리에서 다른 다리로 움직임이 변하다가 처음 동작을 시작한 다리로 끝나는 점프로 나뉜다. 여성이 작은 점프를 할 때 남성은 두 손으로 여성의 허리를 잡거나 혹은 여성의 두 손이나 한 손을 잡아서 리프트한다. 이때 남성은 여성을 가볍게 들어 올리고 여성이 착지할 때는 최대한 부드럽게 내려준다.

여성은 점프 전에 드미플리에를 한다. 이때 남성은 손으로 여성의 허리를 살짝 눌러서 안정적으로 플리에를 할 수 있게 도와주고, 리프트를 시작할 때는 여성과 동시에 플리에를 하면서 여성을 들어 올린다. 이때 여성을 앞으로 밀거나 뒤로 잡아당기지 말고 위쪽 방향으로만 향해야 한다.

여성은 다리를 바꾸는 점프를 한 후에 항상 에폴망으로 바꾼다. 즉 어깨 방향을 바꾼다. 남성은 여성의 몸을 필요한 방향으로 바꾸면서 동작을 실행한다. 여성이 탕 르베 소테로 점프를 할 때, 남성은 여성을 앞, 옆, 뒤로 옮긴다. 앞, 옆, 뒤로 이동하는 시손 페르메, 파 발로네 같은 점프에서 남성은 여성과 같이 움직이고, 점프 후에는 여성을 바닥에 부드럽게 내려놓는다. 파 발로네와 함께 리프트할 때 남성은 여성의 뒤나 옆에 있는다.

남성이 양손으로
여성의 허리를 잡고 하는 리프트

샹주망 드 피에에서 리프트하기

① 여성은 오른쪽 다리를 앞에 놓는 5번 포지션으로 서고 팔은 준비자세를
   한다.
② 남성은 여성 뒤에 서서 양손을 여성의 허리에 둔다.
③ 여성이 드미플리에를 할 때 남성은 여성의 허리에서 손을 떼지 않고 여
   성과 함께 플리에를 한다. 이때 남성은 손가락을 위로 향하도록 하고 손
   바닥은 들어 올리는 모양새로 여성의 허리를 잡는다. 남성의 이 손 모양
   은 여성의 허리를 잡고 리프트할 때 취하는 주요한 동작이다. 플리에 이
   후에 여성은 샹주망 드 피에를 하고 남성은 여성을 들어 올렸다가 바닥
   으로 가볍게 내려놓는다. 10-1 내려올 때 여성은 드미플리에를 한다.

10-1

옆으로 이동하면서 파 아상블레 할 때 리프트하기

① 여성은 왼쪽 다리를 앞에 놓는 5번 포지션으로 서고 팔은 준비자세를 취한다.

② 남성은 여성과 어깨 방향을 같이 맞춰서 여성의 왼쪽 가까이 붙어서 서고, 양팔은 여성의 허리에 놓는다.

③ 두 사람이 동시에 4번 방향을 향하여 대각선으로 파 글리사드를 한다.

④ 여성은 파 아상블레로 크게 점프하면서 몸을 옮긴다. 남성은 여성을 들어 올려서 2번 방향으로 조금 옮겨놓는다. 이후에 여성을 오른쪽 발이 앞으로 오는 5번 포지션으로 내려놓는다. 여성은 파 아상블레를 할 때 상체는 2번 방향으로 향하고 오른쪽 옆구리를 살짝 기울여서 구부린다. 남성이 들어 올릴 때 이 자세를 그대로 잘 유지해야 한다. 10-2

10-2

1번 아라베스크 포즈로 끝나는 리프트하기

① 여성은 오른쪽 다리를 앞에 놓는 5번 포지션으로 서고 팔은 준비자세를
   한다.

② 남성은 여성의 뒤에 서고 손으로 여성의 허리를 잡는다.

③ 여성이 드미플리에를 할 때 남성도 여성과 동시에 플리에를 하고, 손은
   여성의 허리선을 따라 움직인다. 오른손은 손가락을 위로 향하게 해서
   여성의 허리를 조금 앞에서 잡고, 왼손도 똑같이 손가락을 위로 향하게
   해서 여성의 왼쪽 날개뼈보다 조금 높은 부분을 뒤에서 잡는다. 이렇게
   손의 위치를 살짝 다르게 잡는 것은 여성이 공중에서 1번 아라베스크 포
   즈를 정확하게 잡을 수 있도록 여성의 몸을 고정시켜 줄 수 있을 뿐 아니
   라 여성을 편하게 들어 올릴 수 있기 때문이다. 10-3

④ 여성이 점프를 하는 동시에 남성은 여성을 들어 올리고, 여성이 왼쪽 다
   리로 1번 아라베스크를 할 수 있게 부드럽게 내려놓는다. 10-4

주의사항

점프를 처음 배울 때는 높게 들어 올리지 않는다. 점프를 여러 번 연습하는 것
이 더 중요하다. 리프트를 할 때 남성의 두 손의 위치가 다르다는 것을 주시해
야 한다. 두 손의 위치를 다르게 하는 것은 여성이 1, 2, 3, 4번 아라베스크 포즈
에서 하는 그랑 주테, 시손, 수브르소, 카브리올 점프에서 리프트할 때도 필요
하다.

10-3
10-4

양손을 사용하는 리프트의 응용

연습방법 1

손을 잡고 하는 리프트의 응용

① 여성은 오른쪽 다리에 중심을 두고 1번 아라베스크 포즈를 취하되 왼발
　의 발끝을 푸앵트 상태로 준비한다.

② 남성은 여성의 뒤에 한 스텝 정도 떨어져서 서는데 왼쪽 다리는 뒤에 놓
　는다. 남성의 왼손은 여성의 왼손을 아래에서 잡고, 오른손은 3번 포지
　션을 하듯이 앞으로 쭉 뻗는다. 10-5

③ 여성은 왼쪽 다리로 파 샤세 또는 통베를 하고 나서, 6번 방향을 향해 대
　각선으로 위로 뛰면서 그랑 아상블레를 한다. 남성은 여성과 동시에 파
　샤세를 하면서 이동한다.

④ 남성은 왼쪽 다리로 크게 한 스텝 나가고, 오른쪽 다리로는 크게 떨어지
　듯 움직이면서 동작을 끝낸다. 여성이 파 아상블레를 할 때, 남성은 오른
　쪽 팔꿈치를 모두 펴서 공중에서 위로 날아오르는 여성을 밀어내는데 마
　치 활시위를 잡아당기듯이 한다. 왼손으로는 너무 세게 자신 쪽으로 여
　성을 잡아당기지 않도록 주의한다. 동작 후에 남성은 여성이 부드럽게
　착지하도록 도와줘야 한다. 10-6

10-5
10-6

양손을 잡고 리프트 후
여성이 남성의 주위를 돌면서 하는 그랑 아상블레

① 남성은 2번을 바라보며 준비한다. 여성은 오른쪽 다리에 중심을 두고 1
번 아라베스크 포즈를 취했다가 파트너 쪽인 6번 방향을 향해 돌아서고,
오른손은 3번 포지션으로 들어 올린다. 이때 여성의 손바닥은 남성 쪽으
로 향한다.

② 남성도 손바닥을 여성 쪽으로 향해 양손을 마주 잡는다. 10-7

③ 여성은 오른쪽 다리로 남성의 왼쪽 어깨를 중심으로 파 샤세 동작을 한
후 그랑 아상블레를 한다. 여성은 몸을 공중에 던지는 순간에 오른손을
3번 방향 쪽으로 향하되 남성의 등 뒤를 지나가게 해야 한다. 이렇게 해
야 그랑 아상블레가 남성의 오른쪽에서 끝난다.

④ 남성은 여성을 바닥에서 밀어 올리는 순간, 재빠르게 양팔을 다 펴서 여
성이 자신의 주위에서 그랑 아상블레를 할 수 있게 도와준다. 이때 남성
은 상체를 조금 앞으로 이동시키고, 여성은 그랑 아상블레를 하면서 남
성과 최대한 가까운 간격으로 남성의 뒤를 지나서 날아가야 한다. 이 동
작에서 여성은 5번 포지션으로 그랑 아상블레를 마무리 짓는다. 10-8

⑤ 그랑 아상블레를 끝낸 후 여성은 왼쪽으로 투르 수트뉘를 한다. 여성이
수트뉘를 하면서 돌 때 남성은 여성이 3번 포지션의 팔 모양을 거치면서
돌 수 있게 도와준다.

주의사항

여성이 남성 주위에서 하는 그랑 아상블레를 할 때, 파트너들은 서로 서너 발자
국 떨어져서 시작한다. 연결동작으로는 파 샤세, 파 드 부레 등을 사용할 수 있
다. 그랑 아상블레를 하기 전에는 파 샤세나 통베를 해야 한다.

10-7
10-8

한 손으로 여성의 손을 잡고, 다른 손으로
횡격막 아래를 받치면서 리프트하는 주테 앙트르라세

① 여성은 오른쪽 다리에 중심을 두고 1번 아라베스크 포즈를 한다.

② **연습방법 1**(178쪽 ②)과 마찬가지로, 남성은 여성의 뒤에 한 스텝 정도 떨어져서 서는데 왼쪽 다리는 뒤에 놓는다. 남성의 왼손은 여성의 왼손을 아래에서 마주 잡고, 오른손은 3번 포지션을 하듯이 앞으로 쭉 뻗는다.

③ 여성은 파 샤세, 통베를 하고 나서, 2번 방향에서 6번 방향을 향해 대각선으로 주테 앙트르라세를 한다. 여성이 파 샤세를 할 때, 남성은 오른손의 손가락을 아래로 향하게 해서 손바닥으로 여성의 횡격막 아래를 받쳐준다. 남성과 여성의 왼팔은 모두 1번 포지션을 유지한다.

④ 여성이 점프를 할 때, 남성의 왼팔은 여성의 왼팔의 받침대 역할을 하고, 오른손으로는 여성의 상체를 더 들어 올린다. 10-9 그 후에 남성은 양팔의 힘으로 여성이 최대한 부드럽게 착지하도록 도와준다. 주테 앙트르라세는 아라베스크 2번 포즈 혹은 아티튀드 에파세 포즈로 마친다.

아티튀드 포즈나 다른 포즈들로 끝나는 푸에테 소테 앙 투르낭에서도 이 리프트 방법이 사용된다.

10-9

아티튀드 포즈에서 수평자세로
여성을 남성의 양손에 올리는 리프트

① 여성은 왼쪽 다리로 서서 아티튀드 에파세 포즈를 하고, 왼팔을 남성의 목을 감싸안듯이 올려서 남성의 양 어깨에 의지한다. 남성은 여성의 왼쪽에 서서 1번 방향을 향한다. 오른팔로 여성의 허리를 감싸안아 지탱하고 왼팔은 2번 포지션을 한다. 10-10

② 여성은 드미플리에로 내려와 자신의 등이 바닥을 향하게 하면서 오른쪽 다리로 그랑 바트망 드방을 해서 7번 방향으로 점프하며 앞으로 나간다. 이와 동시에 왼쪽 다리를 오른쪽 다리 옆으로 갖다 댄다.

③ 여성이 그랑 바트망 드방을 할 때, 남성은 오른팔로 여성을 약간 위로 던지고 왼팔로는 위에서 여성의 오른쪽 허벅지를 잡는다. 여성은 이때 그랑 바트망 드방을 하고 다리를 5번으로 모은 뒤 수트뉘를 해서 왼쪽 다리가 위로 올라온 수평자세를 취한다. 수평자세로 바뀔 때는 여성은 몸을 평평하게 유지해야 한다. 즉, 다리를 차는 것과 동시에 몸을 뒤로 기울어야 한다.

④ 남성은 오른쪽 다리에 자신의 무게중심을 싣고, 여성의 머리가 3번 방향이 되도록 자신의 몸을 돌려 방향을 맞춘다.

⑤ 오른쪽 다리로 조금 더 플리에를 하면서 여성을 바닥에 세워 놓는다. 여성의 발끝은 남성의 오른쪽 발 바깥쪽 옆에 있게 된다. 여성의 제일 처음의 포즈는 연습하는 동안 그대로 유지 되어야 한다. 10-11

10-10
10-11

한 손을 잡고 하는 리프트

파드되에서는 남성이 한 손으로 여자 무용수의 손이나 손목을 잡아 리프트하는 점프 동작들이 종종 있다. 파트너끼리 한 손만 잡고 하는 리프트는 앞서 연습한 양손을 잡거나 혹은 남성이 양손으로 여성을 들어 올리는 것보다 조금 더 난도가 있다고 할 수 있다. 파트너끼리의 간격이 더 멀어지기 때문에 몸의 중심축을 옮길 때 축이 흐트러지지 않게 컨트롤하고 축이 옮겨진 후에는 파트너와의 균형이 깨지지 않도록 집중해야 한다.

연습방법 1

한 손을 잡고 1번 아라베스크 포즈로
파 시손 해서 리프트

① 여성은 오른쪽 다리를 앞에 둔 5번 발 포지션으로 서고, 팔은 준비자세
　를 취한다.

② 남성도 똑같은 포즈로 여성의 뒤에 선다.

③ 두 사람이 오른쪽 다리로 동시에 파 시손 통베를 한다.

④ 여성은 혼자서 1번 아라베스크 포즈를 하고 파 시손을 한다. 이때 남성
　은 오른손으로 여성의 오른쪽 손목을 리프트한다.

⑤ 파 시손 후 여성은 5번 발 포지션에서 파이, 파 아상블레 혹은 다른 동작
　을 한다.

한 손을 잡고 하는
그랑 푸에테 소테 리프트

① 여성은 왼쪽 다리로 서서 몸통을 8번 방향으로 향해 1번 아라베스크 포
   즈를 한다.

② 남성은 여성의 방향과 함께 대각선 사선 뒤로 한 스텝 떨어져서 여성 뒤
   에 서고, 오른손으로 여성의 오른손을 마주 잡는다. 10-12

③ 남성은 여성의 손을 자신 쪽으로 조금 끌어당기고, 여성은 4번 방향을
   향해 대각선으로 파 샤세를 한다.

④ 여성은 같은 방향에서 아티튜드 크루아제 포즈로 마무리하면서 그랑 푸
   에테 소테를 한다. 그랑 푸에테 소테를 할 때 기억할 점은 여성은 남성의
   손을 밀고 올라가면서 점프를 높게 뛰고 이 밀고 있는 팔은 1번 포지션
   을 계속 유지해야 한다는 것이다. 10-13

10-12
10-13

허리와 허벅지에서 이뤄지는
다양한 리프트

앞서 남녀 무용수 모두 자신의 무게중심을 찾고 밸런스를 잡을 수 있어야 파드되를 할 준비가 된 것이라는 점을 말한 바 있다. 그중에서 무게중심은 서로 간의 호흡과 약속으로 매순간 다시 결정한다. 즉, 남성의 손, 팔, 어깨, 허리, 머리 위로 여성의 동작의 위치가 바뀔 때마다 두 사람이 서로 만들 수 있는 중심을 정해야 한다. 둘 사이의 간격과 여성의 몸의 위치도 매 순간 결정해야 한다. 여성은 위로 리프트될 때마다 남성과의 거리가 멀어지지 않도록 주의하고 남성 또한 여성과 약속된 위치에서 여성의 허리에 정확하게 손바닥을 놓아 여성이 남성의 손에 잘 지지하여 올라갈 수 있도록 한다. 리프트 연습이란 바로 두 사람의 중심, 간격, 위치에 대한 약속을 정하는 것이다.

무게중심을 잘 잡기 위해서는 남녀 모두 몸의 중심인 코어 근육을 갖춰야 한다. 코어 근육은 파드되를 하는 데 있어서 전반적으로 중요하지만 특히 허리와 허벅지 주변에서 이뤄지는 리프트에서 필수인 근육이다. 코어가 단단해야 이 동작들이 흔들리지 않고 명확하게 이뤄질 수 있기 때문이다. '허리와 허벅지에서 이뤄지는 다양한 리프트'에서의 파드되 동작들은 남녀 모두 코어를 단단히 잡으면서 파트너와 견고한 구조를 쌓는 동작들이다. 이후 리프트의 높이가 높아질수록 여성의 등 근육 힘이 더해져야 한다.

넘어지는 자세에서 세우는 자세까지

① 여성은 오른쪽 다리를 앞에 둔 5번 발 포지션으로 서고, 팔은 3번 포지션을 한다. 남성은 여성 뒤에 선다.

② 남성은 오른쪽 다리로 떨어지듯 나가면서 오른쪽 팔을 구부려서 여성을 축이 기울어지는 자세로 내리고, 왼손으로는 여성의 오른쪽 허벅지를 위에서부터 감싸안는다.

③ 이후 여성의 몸이 남성의 팔 안에서 수직자세가 되도록 들어 올린다. 남성은 여성의 양쪽 다리를 붙여서 바닥에 내려놓는다.

1번 아라베스크 포즈에서 리프트하기

① 여성은 오른쪽 다리로 선 1번 아라베스크 포즈를 한다.

② 남성은 여성 뒤에 서고 양팔은 여성의 허리를 감싼다.

③ 남성은 오른쪽 다리를 살짝 플리에를 하고서 오른손으로 여성의 허리를 감싸안는다. 이때 남성의 손가락 끝을 여성의 왼쪽 골반뼈에 오게 한다. 왼손으로는 여성의 왼쪽 허벅지 중간 부분을 감싸안는다. 10-14

④ 남성은 양쪽 다리를 펴면서 여성을 들어 올린다. 그리고 오른쪽 다리로 무게중심을 옮긴다. 여성은 남성이 들어 올리는 것과 동시에 축이 되는 오른쪽 다리의 발끝을 푸앵트를 만들어서 다른 쪽 다리의 종아리 부분의 앞이나 뒤로 갖다 댄다. 남성은 여성을 들어 올리면서 여성의 포즈를 유지시키고, 여성은 상체와 머리를 남성의 가슴 쪽으로 부드럽게 기울인다. 10-15

⑤ 여성이 처음 자세로 돌아오기 위해 남성은 무게중심을 오른쪽 다리로 더 많이 옮기면서 여성을 약간 들어 올린다. 이때 여성은 오른쪽 다리를 펴면서 내려온다. 이후 남성은 앞으로 상체를 기울이지 않고 오른쪽 다리로 플리에를 하고, 여성을 바닥에 내려놓자마자 처음에는 왼손, 그 다음에는 오른손을 여성의 허리로 옮긴다.

10-14
10-15

남성의 허벅지 위에서 하는 제비 포즈

제비 포즈는 남성의 허벅지 위에서 여성이 둥글게 몸을 휘어 날아가듯이 얹어 있는 자세이다. 마치 제비가 날아가는 모습을 닮았다고 해서 제비 포즈라는 이름이 붙었다. 언뜻 보기에는 피시 다이브와 닮았는데 여성의 다리 모양과 남성의 몸 방향이 다르다. 남성의 허벅지와 골반 사이에 여성의 몸을 고정시켜야 하는 점은 제비 포즈와 피시 다이브 모두 동일하다. 이 포즈를 할 때 여성은 뒷머리와 상체를 힘차게 뒤로 젖히고, 무릎을 구부리고 팔꿈치를 쭉 펴서 2번 포지션을 해야 한다.

10-16

10-17

① 여성은 오른쪽 다리를 중심축으로 하고 왼쪽 다리를 든 1번 아라베스크 포즈를 한다. 남성은 왼팔로 여성의 왼쪽 다리를, 오른팔로 허리를 감싼다.

② 남성은 여성을 가슴 높이로 들어 올린다. 남성은 미리 왼쪽 다리로 플리에를 하고, 오른쪽 다리를 앞으로 펴서 2번 방향을 유지하면서 여성을 들어 올려 자신의 왼쪽 허벅지 위에 내려놓는다. 10-16

③ 여성은 남성이 조금 들어 올리는 순간 오른쪽 다리를 펴서 왼쪽 다리에 갖다 붙이면서 날아가는 듯한 제비 포즈를 취한다. 남성은 자신의 허벅지 위에 여성을 올려놓기 전에 자신의 상체를 뒤로 보내면서 지탱해야 한다. 그래야 여성이 남성의 앞이 아니라 왼쪽 옆구리 쪽에 있을 수 있게 된다. 이때 여성은 무릎을 힘차게 구부리고, 뒤꿈치를 남성의 왼쪽 어깨 견갑골(어깨뼈)에 갖다 댄다. 이렇게 기대야 여성은 남성의 허벅지 위에 있을 수 있다. 여성이 견갑골에서 기대는 것을 느끼고 나서 남성은 자신의 상체를 뒤로 기울이고 여성이 앞으로 넘어지지 않게 하면서 지탱한다. 10-17 처음에 연습할 때 남성은 두 팔로 여성의 허리를 잡고, 어느 정도 숙달이 되면 왼쪽 팔은 옆으로 오른쪽 팔은 앞을 향하게 한다.

④ 여성을 처음 자세로 돌려놓으면서 남성은 오른손을 여성의 허리 밑에 놓고, 왼손으로 여성의 왼쪽 허벅지를 감싸안는다. 남성은 양쪽 다리를 똑바로 펴면서 여성을 바닥에 1번 아라베스크 포즈로 세워놓는다.

남성의 허벅지 위로 리프트해서
아라베스크 1번 포즈로 마무리하는 동작

① 여성은 몸 방향을 8번 방향으로 하며 왼쪽 다리로 서 있고, 오른쪽 다리는 크루아제 드방 탕뒤 자세로 발끝을 바닥에 갖다 대면서 앞으로 쭉 편다. 왼팔은 1번 포지션이고, 오른팔은 손바닥이 아래를 향해 2번 포지션을 취한다.

② 남성과 여성은 서로 마주 보고 섰다가 남성은 여성 앞에서 두 스텝 떨어져서 왼쪽 옆구리를 여성 쪽으로 향하도록 하고 왼쪽 무릎을 꿇고 앉는다. 오른팔은 3번 포지션이고 왼팔은 손바닥이 바닥을 향한 2번 포지션이다. 남성의 오른쪽 허벅지는 4번 방향에서 8번 방향으로 이어진 대각선을 따라 수직에 가까운 플리에를 해야 한다.

③ 여성은 오른쪽 다리로 한 스텝 나가고 나서, 왼쪽 다리를 남성의 오른쪽 허벅지 안쪽에 올려놓는다. 이때 간격은 남성의 상체에 여성의 다리가 밀착될 정도로 가깝다. 남성의 허벅지 위에서 1번 아라베스크 포즈를 한다. 남성은 왼손을 여성의 허리에, 오른손을 횡격막 아래에 놓아서 결과적으로 양손으로 여성의 허리를 지탱할 수 있도록 만든다. 10-18

이 리프트를 잘 익혔다면 남성과 여성이 양손을 잡고 지탱하는 동작으로도 연습한다. 10-19

10-18
10-19

여성이 남성의 허벅지 위에 점프하면서 1번 아라베스크 포즈를 할 경우에는 파 쿠뤼 혹은 파 글리사드를 연결동작으로 쓸 수 있다. 혹은 주테를 통해 점프할 수도 있다. 이때 여성은 스스로의 힘으로 남성의 허벅지 위에 서 있도록 동작의 타이밍을 잘 계산해서 뛰어올라야 한다. 남성은 무릎을 꿇고 있지 않은 상태에서 여성이 남성의 허벅지 위로 뛰어오르는 경우도 있다. 이때 남성은 크게 넘어지는 모양새로, 허벅지와 상체가 직각이 되도록 만든다.

여성이 남성의 오른쪽 허벅지 위로 뛰어오를 경우 남성의 왼쪽 다리는 8번 방향을 향하면서 지탱하고, 여성이 남성의 왼쪽 허벅지 위로 뛰어 오를 경우 남성의 오른쪽 다리는 2번 방향을 향하면서 지탱한다.

동작 후에 여성을 바닥에 내려놓는 것도 여러 가지 방법으로 연습한다. 첫번째 방법으로, 여성은 남성의 허벅지 위에 서서 오른쪽 다리로 파세하면서 에파세 포즈를 취한다. 그 후 2번 방향을 향해 오른쪽 다리로 착지하고, 바닥에서 1번이나 2번 아라베스크 포즈를 한다. 남성은 양손으로 여성의 허리를 지탱하면서 최대한 부드럽게 착지한다. 두번째 방법으로 여성은 남성의 허벅지 위에 서서 1번 아라베스크 포즈를 유지하면서 8번 방향으로 착지한다. 남성은 왼팔로 여성의 허리를 아래서부터 감싸안고, 오른팔로 여성의 오른쪽 허벅지를 감싸안는다. 그 후에 바닥에 내려놓는다.

파트너의 팔 위에서 하는 물고기 포즈 리프트

물고기 포즈는 동작을 진행할 때 느껴지는 에너지, 포즈가 완성됐을 때 두 사람의 견고한 구조가 주는 아름다움 때문에 관객에게 인기 있는 파드되 동작이자 포즈이다. 그런데 파트너와 서로 신호가 맞지 않을 경우 앞으로 쓰러지거나 포즈를 만든 후에도 흔들릴 수 있기 때문에 두 사람의 호흡이 무엇보다 중요한 자세이기도 하다.

① 여성은 2번 방향으로 오른발을 앞으로 뻗은 자세로 바닥에 앉고 낮은 2번 팔 포지션을 한다. 남성은 두 스텝 떨어져서 여성 앞에 선다.

② 남성은 여성 쪽으로 왼발을 내딛으며 오른손을 위에서 여성의 앞으로 뻗어 여성의 손바닥을 향한다. 여성은 오른손을 남성의 손 위에 얹는다.

③ 남성은 여성의 팔을 자신 쪽으로 잡아당기듯 순간적인 힘으로 끌어당긴다. 이와 동시에 여성은 왼발을 딛고 난 후 오른발로 땅을 밀치며 남성쪽으로 점프하며 물고기 포즈를 취한다.

④ 점프 후 여성은 남성의 손을 놓고 물고기 포즈를 유지한다. 남성은 오른손으로 여성의 허리를 아래쪽에서 잡고, 왼손으로는 여성의 왼쪽 허벅지를 잡는다. 10-20

10-20

물고기 포즈를 연습할 때 신호를 견고하게 주고 받는 것은 이렇게 한다. 동작을 하기 전, 준비 박자를 사용해서 여성을 당기기 전에 여성의 손을 조금 밀어 신호를 준다. 이 신호가 파트너 간의 코디네이션, 즉 호흡이다. 남성은 여성의 손을 잡아당기면서 혼자 동작을 시작하고, 여성을 잡아당길 때는 팔꿈치를 구부리고 있어야 한다.

물고기 포즈가 완성되기 전에 여성은 점프를 한다. 점프를 할 때 공중에서 여성은 한 바퀴 돌게 되는데 이때 여성의 몸이 돌아가는 방향으로 남성이 살짝 스핀을 쳐주면서 잘 돌 수 있게 도와준다. 이때 여성은 몸의 축이 흔들리거나 흐트러지지 않게 부동의 자세를 유지해서 돌아야 한다. 공중에서 돌 때 여성의 등이 바닥 쪽을 향하게 되는 순간이 있다. 그 순간 여성의 등은 남성의 팔 위에 있게 된다. 물고기 포즈를 하기 위해서는 공중에서 여성이 턴을 하는 것도 함께 연습해야 한다. 도는 동작은 파트너 간의 호흡이 중요하고, 마지막 순간에 내려와서 물고기 포즈를 취할 때는 도는 에너지를 멈춰 세워 잡는 것이 중요하다.

견고한 사랑의 구조,
제비 포즈와 물고기 포즈

제비 포즈와 물고기 포즈가 주요하게 등장하는 작품은 〈돈키호테〉와 〈잠자는 숲속의 미녀〉이다. 〈돈키호테〉 1막은 바질과 키트리, 마을 청년들의 유쾌한 춤으로 구성돼 있는데, 바질과 키트리가 추는 두 개의 파드되는 1막의 중심축이 된다. 전반부에 두 사람이 등장하면서 선보이는 경쾌한 파드되는 이들이 행복한 연인이란 점을 드러내고, 후반부에서는 돈키호테로 인해 바질이 질투를 느끼면서 옥신각신하다가 파드되로 두 사람이 아름다운 화합을 보여준다. 오해와 질투로 사랑싸움을 하고 화해를 한 후 이전보다 더 단단한 사랑의 하모니를 이루는 건 모든 연인들의 공통된 감정 서사이므로 이 점을 춤으로 농축해서 표현했다고 할 수 있다. 특히 후반부의 파드되 1번 아라베스크로 주테를 하며 날아오르는 키트리를 바질이 부드럽게 리프트하는 장면으로 시작되는데, 원 핸드 리프트로 아찔한 상황에서도 얼마나 서로를 믿고 있는지 드러낸다. 마지막에는 제비 포즈로 마무리하며 화합의 정점을 이룬다. 기술적으로는 키트리는 바질의 견갑골, 옆구리, 허벅지에 안착돼야 하고, 바질은 키트리를 들어 올리고 지탱하는 힘을 정확히 써야 견고한 제비 포즈가 완성된다. 이 동작은 결국 견고한 두 사람의 사랑을 보여준다.

피시 다이브는 〈잠자는 숲속의 미녀〉 3막 결혼식 그랑 파드되에 여러 번 등장한다. 이 작품은 황실의 사랑과 결혼을 담았기 때문에 작품 전체에서 기품과 우아함은 필수 요소라서 작품 속 피시 다이브도 역동적이면서도 동시에 우아한 미를 발산한다. 기술적으로는 데지레 왕자가 오로라 공주를 가슴 쪽으로 안아 올렸다가 내리면서 시도하는 것을 확인할 수 있다. 이 아다지오는 데지레 왕자가 오로라 공주를 공중으로 던져 올렸다가 내려서 제비 포즈를 하는 것으로 마무리된다. 제비 포즈는 남녀가 X자로 교차되는 형태를 이루기 때문에 피시 다이브보다 동작의 측면에서 견고하다. 이런 이유로 마무리 포즈로 선호된다. 이 결혼식 그랑 파드되에서 중간에 등장하는 피시 다이브는 앞뒤 동작을 우아하게 연결하며 선을 이루고, 마지막 제비 포즈는 결혼의 기쁜 감정을 극적으로 터트린 후 마무리하면서 관객과 하객에게 그 기쁨을 전달한다.

11

가슴 높이의 리프트

가슴 높이에서 리프트할 때
기본동작

가슴 높이에서 하는 리프트는 다음과 같은 기본동작을 익힌 후에 여러 가지 방법들을 시도해본다. 가장 기본은 여성이 남성의 가슴 높이에서 리프트를 한 후에 1번 아라베스크로 마무리하는 동작이다. 의외로 가슴 높이의 리프트에서 어려운 점은 미끄러진다는 점이다. 이때 여성이 남성에게 매달리거나 남성이 여성을 억지로 들어 올리는 게 아니라 스스로 자신의 몸을 단단하게 잡는 느낌으로 리프트해야 파트너와 견고한 구조를 만들 수 있다.

① 여성은 1번 아라베스크 포즈로 서 있다. 남성은 살짝 플리에를 하고 나서, 여성을 돌리면서 위로 살짝 던진다.
② 여성은 재빠르게 팔을 3번 포지션으로 올린다. 두 다리를 붙이고 등은 바닥 쪽으로 향하고 상체를 수평자세로 만들면서 왼쪽으로 180도 방향 전환을 한다.
③ 남성은 왼팔로 여성의 오른쪽 허벅지를 밑에서 받쳐 들고, 오른팔은 허리 아래를 받쳐준다. 여성은 등을 바닥 쪽으로 한 수평자세에서 1번 아라베스크 포즈로 마무리한다. 이때 동작과 파트너끼리의 간격은 자연스럽게 연결돼야 한다.

가슴 높이에서 하는 리프트

주테 앙트르라세 후 남성의 팔 위에서
물고기 포즈로 마무리하는 리프트

① 여성은 2번 방향을 향해 오른쪽 다리를 중심축으로 하는 1번 아라베스크 포즈를 한다.

② 남성은 정해둔 포즈에서 시작해서 2번에서 6번 방향을 향해 대각선으로 두 스텝 떨어져서 여성 앞에 선다.

③ 여성은 왼쪽 다리로 파 샤세, 통베를 한다.

④ 이후 6번 방향을 향해 대각선으로 주테 앙트르라세를 하고 공중에서 물고기 포즈를 한다. 여성이 주테 앙트르라세를 할 때, 남성은 자신의 오른쪽 다리로 무게중심을 옮긴다. 그리고 손바닥을 위로 하고 오른팔은 쭉 펴서 손가락 끝이 여성의 왼쪽 골반뼈에 오도록 여성의 허리를 받친다. 왼팔로는 여성의 왼쪽 허벅지를 감싼다.

주의사항

여성의 동작은 남성의 가슴 높이에서 마무리되도록 한다. 준비동작의 위치를 먼저 생각하고 동작을 수행해야 높이와 위치를 맞출 수 있다. 또 여성이 주테 앙트르라세를 정확하게 구사해야 리프트를 더 가볍고 깨끗하게 완성할 수 있다.

그랑 푸에테 소테 후 남성의 가슴 높이에서
물고기 포즈로 마무리하는 리프트

① 여성은 8번 방향으로 왼쪽 다리에 무게중심을 두고 서고, 오른발로 크루 아제 드방을 한다.

② 남성은 여성으로부터 3번에서 7번 방향으로 서너 발자국 떨어져서 1번 방향을 향해 선다. 이때 원하는 포즈나 지도교사가 지정한 포즈를 한다.

③ 여성은 파 글리사드를 하고 자신이 바라보고 있는 앞 방향, 즉 7번 방향 으로 왼쪽 다리를 드방으로 차는 그랑 푸에테 소테를 한다. 이후 3번 방 향을 보고 1번 아라베스크 포즈로 마무리한다.

④ 남성은 공중에서 오른팔로는 여성의 허리를, 왼팔로는 왼쪽 허벅지를 받 쳐준다. 남성의 가슴 높이에서 여성은 물고기 포즈를 한다.

주의사항

이 점프에서는 여성이 공중에서 푸에테를 하고 나서, 남성의 가슴 쪽으로 등을 돌려 밀착하는 것이 중요하다. 점프를 끝내면서 여성의 견갑골은 남성의 가슴 에 밀착되어야 한다.

그랑 주테의 날아가는 포즈로
남성의 가슴 높이에서 이뤄지는 리프트

① 여성은 4번 방향으로 등을 돌려 서고, 왼쪽 다리에 무게중심을 두고 서
  서 크루아제 드방을 한다.
② 남성은 무대 혹은 연습실 중앙에서 여성을 향해 네다섯 발자국 떨어져
  지도교사가 지정해준 포즈나 자신이 원하는 포즈로 선다.
③ 여성은 파 쿠뤼를 한 후에 8번 방향을 향해서 아티튀드 에파세 포즈로
  그랑 주테를 한다. 날아갈 때 정확히 남성의 가슴 높이에서 끝나도록 연
  결동작과 점프동작을 잘 계산해야 한다.
④ 여성이 파 쿠뤼를 할 때 남성은 왼쪽 다리를 앞으로 약간 구부려주고, 오
  른팔을 앞으로 펴서 날아오는 여성의 허리를 밑에서 받쳐준다. 남성의
  왼팔은 2번 포지션이다. 여성은 남성 쪽으로 점프하면서 왼팔로 남성의
  목을 감싸서 남성의 양어깨에 기댄다. 11-1
⑤ 여성을 잡고 나서, 남성은 여성과 함께 두세 번 이상 돌면서 8번 방향을
  향해 대각선으로 움직인다.
⑥ 여성은 2번 아라베스크 포즈로 왼쪽 다리를 플리에 하면서 동작을 마친
  다. 이때 남성은 왼팔로 여성을 살짝 지탱해준다. 11-2

11-1
11-2

가슴과 어깨 위에서 고정되는 리프트

여성의 포즈가 남성의 가슴이나 어깨 위에서 고정되는 경우, 남성은 여성이
직선이나 원을 따라 움직일 수 있도록, 그리고 제자리에서 한두 번이나 세
번 이상 투르를 할 수 있도록 파트너끼리 호흡을 맞춰야 한다.

11-3

11-4

여성을 가슴에서 어깨로 리프트하면서
어깨에 앉히는 리프트

① 여성은 오른쪽 다리를 앞에 둔 5번 포지션을 하고, 팔은 준비자세를 한다. 남성은 여성 뒤에 서서 팔로 여성의 허리를 잡는다.

② 여성은 팔을 옆으로 살짝 벌리고 나서 드미플리에를 하고 샹주망 드 피에로 힘차게 위로 점프한다. 이때 팔은 3번 포지션으로 올린다. 팔의 포즈는 여러 가지로 변형될 수 있다. 11-3

③ 남성은 여성과 함께 플리에를 하고, 여성이 점프할 때 힘차게 여성을 위로 던져 올린다.

④ 남성은 앞으로 한 발자국 나가서 여성을 가슴 가까이 붙이고, 팔꿈치로 여성의 허벅지를 꽉 잡고 나서 팔을 여성의 허리에서 횡격막 아래로 옮겨서 깍지 낀다. 이때 여성은 앉는 자세를 취하기 위해서 허리를 조금 구부리되 몸은 꼿꼿하게 만들고, 머리는 앞으로 기울이지 않도록 주의한다. 여성은 오른쪽 다리를 90도 아티튀드 크루아제 드방으로 뻗는다. 왼쪽 다리는 쭉 펴거나 무릎을 구부린다. 11-4

⑤ 남성은 자신의 팔을 여성의 허리로 옮기고 부드럽게 여성을 바닥으로 내려놓는다. 여성은 양쪽 허벅지를 앞으로 펴고 나서 상체를 똑바로 세운다. 그리고 남성의 가슴을 타고 미끄러지듯이 한쪽 다리나 양쪽 다리로 바닥으로 내려온다.

가슴과 어깨 위에서 고정되는 리프트의 규칙은 똑같다. 오른쪽 어깨 위로 리프트할 때, 남성의 오른팔은 여성의 옆구리에 그대로 있고, 왼팔은 여성의 횡격막 아래로 옮긴다. 왼쪽 어깨 위로 리프트할 때는 왼팔을 여성의 허리에 놓고, 오른팔을 횡격막 아래로 옮긴다. 11-5 만일 여성이 튀튀를 입었다면, 남성은 여성의 옷이 구겨지지 않도록 가슴이나 어깨 위로 리프트하면서 팔꿈치로 여성을 조이지 않아야 한다.

11-5

남성의 어깨 위에서
아티튀드 알롱제 자세로 마무리하는 리프트

① 시작 자세는 **연습방법 1**(211쪽 ①~③)과 같다.

② 여성이 점프하는 순간 남성은 여성을 들어 올리며 동시에 앞으로 한 스텝 내딛어 오른쪽 어깨로 여성을 받쳐준다. 남성의 왼손은 여성의 오른쪽 옆구리로 옮기고, 오른손은 여성의 횡격막 아래에 그대로 둔다.

③ 이때 남성의 머리는 약간 왼쪽으로 기울이지만 숙이지는 않는다.

④ 여성은 남성의 어깨 위에서 아티튀드 알롱제 포즈를 한다. 이때 여성은 왼쪽 무릎을 구부리고, 남성의 어깨 위에 왼쪽 허벅지를 붙인다. 여성의 왼쪽 발끝은 오른쪽 다리의 무릎 아래에 있다.

⑤ 여성이 어깨에 올라간 후 중심이 정확히 잡히면 남성은 여성을 오른팔로만 지탱하고, 왼손은 2번 포지션으로 벌린다. 11-6

11-6

서로 양손을 잡고 지탱하면서
여성을 어깨 위로 리프트하는 동작

① 여성은 오른쪽 다리를 중심으로 서고, 왼쪽 다리의 무릎을 구부려서 3번
방향을 향해 턴아웃 하지 않은 상태로 크루아제 드방을 한다. 오른팔은
손바닥을 아래로 한 1번 팔 포지션을 하고, 왼팔은 손등을 1번 방향으로
돌려서 2번 팔 포지션을 한다.

② 남성은 1번 방향을 향해 여성의 왼쪽에 나란히 선다.

③ 남성은 오른손의 손바닥을 위로 돌려 여성의 오른손을 마주 잡고, 왼팔
의 팔꿈치를 구부려서 왼손을 1번 방향으로 향하게 해서 여성의 왼손을
마주 잡는다.

④ 남성은 가능한 한 여성에게 가까운 위치를 유지하고, 오른쪽 무릎을 꿇으
면서 여성의 왼쪽 허벅지 밑으로 자신의 오른쪽 어깨를 갖다 댄다. 11-7

⑤ 여성은 남성의 오른쪽 어깨 위에 앉는다. 이때 여성의 상체는 수직자세
를 유지하고 양팔은 팔꿈치를 편다. 그리고 머리는 약간 돌려서 왼쪽으
로 기울인다.

⑥ 남성은 오로지 다리의 힘을 이용해서 일어나야 한다. 남성의 상체는 정
확히 일직선이 되어야 한다. 11-8

⑦ 일어선 후 여성을 바닥으로 되돌려놓을 때는 다음 순서를 따른다. 남성
은 다시 오른쪽 무릎을 꿇고, 여성은 바닥에 오른쪽 다리를 중심으로 선
다. 남성은 오른쪽 다리를 옆으로 내딛으면서 자신의 상체를 같은 방향
으로 조금 기울인다. 이후 여성은 남성의 어깨에서 미끄러지듯 내려오
면서 드미플리에하고 5번 발 포지션으로 살짝 뛰어내려 마무리한다.

11-7
11-8

여성의 등이 바닥을 향해 누워 있는 자세로
남성의 어깨 위로 리프트하는 동작

① 여성은 3번 방향으로 왼쪽 다리를 앞에 둔 5번 포지션으로 서고, 팔은 3번 포지션을 한다. 남성은 여성의 뒤에 서서 오른손으로 여성의 허리를 감싸고, 왼손은 여성의 허벅지를 잡는다.

② 여성은 몸을 뒤로 젖혀 남성의 오른쪽 어깨 위에 눕는다. 이 자세에서 남성은 여성을 들어 올리며 양쪽 다리를 곧게 펴면서 여성의 허리 부분을 받쳐준다.

③ 여성을 수평자세로 리프트해야 할 경우에는 남성이 왼팔로 여성의 왼쪽 허벅지를 밑에서 받치듯 잡고, 여성의 몸을 수평자세로 유지하면서 여성의 다리를 서서히 들어 올려 동작을 완성시킨다. 11-9

주의사항

여성의 등이 바닥을 향해 누워 있는 자세로 남성의 어깨 위로 리프트하는 동작은 다음과 같이 포즈를 바꿔서 할 수도 있다.

- 여성은 남성의 가슴 높이에서 물고기 포즈를 한다.
- 남성은 여성을 양손으로 잡아 자신의 오른쪽 어깨 위로 올린다. 이때 여성의 허리가 남성의 어깨 위에 있어야 한다.

남성 무용수의 어깨 위에서 여성 무용수가 어떤 포즈를 취하든, 남성은 양손으로 여성의 허리를 지탱해주거나, 한 손으로 손이나 허리를 잡고 지탱해주거나, 혹은 서로 양손을 잡는 등 여러 가지 방법으로 리프트할 수 있다.

11-9

어깨 위에서 무릎 꿇는 자세로 마무리하는 리프트

① 여성은 1번 방향을 향해서 서고 남성은 여성의 옆에 서서 오른쪽 무릎을 꿇는다.

② 남성은 여성에게 두 손을 내밀며 손바닥은 위로 향하게 한다. 여성은 자신의 오른손을 남성의 오른손에 왼손은 남성의 왼손 위에 손바닥끼리 맞닿게 얹는다.

③ 여성은 왼쪽 다리를 남성의 왼쪽 허벅지에 위에 올린다. 11-10 여성은 자신의 오른쪽 무릎을 남성의 오른쪽 어깨 위로 올려놓는다. 여성은 남성의 몸에 붙어 남성의 손을 지지하면서 올라가면 다소 수월하게 올라갈 수 있다. 이때 왼쪽 다리는 1번 아라베스크 포즈를 만들면서 뒤로 뻗는다. 여성은 팔꿈치를 모두 펴준다.

④ 여성이 무릎을 남성의 어깨 위에 올려놓았을 때, 남성은 일어서서 팔을 다 펴면서 2번 방향 쪽으로 바꾼다. 11-11

11-10
11-11

주의사항

남성이 여성을 바닥에 다시 내려놓는 방법은 여러 가지가 있는데 가장 일반적인 방법은 다음과 같다. 남성은 오른쪽 다리를 앞으로 구부린다. 그리고 여성은 왼쪽 다리를 내려 남성의 오른쪽 허벅지 위에 서고, 오른쪽 다리를 똑바로 펴면서 1번 아라베스크 포즈를 한다. 그 후에 여성을 처음 자세로 돌려놓으려면 남성은 오른손을 여성의 허리 밑에 놓고, 왼손으로 여성의 왼쪽 허벅지를 감싸안는다. 남성은 양쪽 다리를 똑바로 펴면서 여성을 바닥에 1번 아라베스크 포즈로 세워 놓는다.

하나의 중심축으로 쌓아 올린
스파르타쿠스 부부의 슬픔

세상에서 가장 슬픈 파드되는 무엇일까. 몇 가지 떠오르는 작품이 있는데 그중에서도 〈스파르타쿠스 Spartacus(1956)〉의 스파르타쿠스와 프리기아의 파드되를 꼽을 수 있다. 자유를 위해 죽음을 불사하는 남편과 이것이 마지막 밤이 될 거라는 것을 어렴풋이 예감하고 있는 아내의 춤, 그 자체로 이미 눈물이 나는 작품이다. 그런데 무용수 입장에서는 감정 표현과 고난도의 파드되 기술 때문에 눈물이 날 장면이기도 하다.

이 파드되에서는 가슴 높이와 어깨, 어깨 위로 리프트하는 어려운 기술들이 총집합되어 있다. 그중 원 핸드 리프트는 남성 몸의 축에 선을 이어서 그 위에 여성의 몸을 쌓아 올려 구사하는, 과학적인 동시에 예술적인 동작이다. 발레를 '시적인 과학'이라고 부르는 이유를 이 장면에서 느낄 수 있다. 이 파드되는 바닥에 앉아서 시작하는데 점차 높이가 높아지는 걸 볼 수 있다. 그중 가슴 높이에서 여러 번 투르를 하는 장면은 어깨 위에서 한 손으로 들어 올리는 동작보다도 두 사람의 밀착된 호흡을 더욱 필요로 한다. 원 핸드 리프트는 보기에는 아찔하지만 축의 중심선을 잘 찾으면 어느 정도 해결된다. 하지만 가슴 높이에서 투르를 하는 동작은 여성의 몸이 미끄러지기 쉬우므로 단단하게 호흡을 잡지 않으면 낭패를 본다.

또한 이 파드되에서는 어깨 위로 리프트하는 동작들이 자주 등장하는데 프리기아가 거꾸로 매달리거나 누워 있는 자세로 스파르타쿠스의 어깨 위에 올라가는 동작에서 여성의 등이 남성의 어깨에 딱 붙어 있는 걸 확인할 수 있다. 이렇게 해야 미끄러지지 않고 안정적으로 이 동작을 구사할 수 있다. 후반부에 프리기아를 어깨에 앉히고 걸어가는 스파르타쿠스와 남편의 얼굴을 감싸는 아내의 모습은 음악의 선율과 어우러져 그 어떤 파드되보다 애절하다. 기술적으로는 스파르타쿠스의 한쪽 손이 프리기아의 횡격막을 잡고 지탱하는 걸 확인할 수 있다.

이 파드되는 두 사람이 앉아서 포옹하는 장면으로 마무리된다. 〈스파르타쿠스〉가 남성발레로 불릴 만큼 역동적이고 혁명적인 색채가 강하지만, 영원한 이별을 예감하는 이 파드되와 마지막 포옹이 이 작품을 명작으로 꼽힐 수 있게 만들었다.

12

어깨 높이의 리프트

어깨 위로 점프하는 리프트

12장에서부터 어깨 위로 점프하는 리프트를 하게 된다. 여성이 남성의 어깨 위로 점프하는 리프트의 처음 자세는 동일하다. 여성은 바닥에 앉고, 남성은 여성의 손을 잡는다. 이후 다음 동작을 수행한다.

12장의 연습방법 중 **연습방법 1**(226쪽)과 **연습방법 2**(228쪽)는 처음엔 따로 연습하고 익숙해지면 두 동작을 연결하여 연습한다. 아래의 동작 설명은 연결하는 경우의 동작 설명이다.

여성이 어깨 위로 앉는 자세로 마무리하는 리프트

① 여성은 1번 방향을 보면서 오른쪽 다리에 중심을 두고, 왼쪽 다리는 크루아제 데리에르로 남성 앞에 선다. 남성의 오른쪽으로 한 스텝 나가면서 수트뉘를 돌고 플리에를 한다. 그 후에 남성이 허리를 잡아주면 남성의 어깨 위로 소테로 뛰며 오른쪽 어깨 위에 앉는다.

② 남성의 어깨 위에 올라간 후 여성은 팔을 3번 포지션으로 바꾸고, 두 다리는 6번 포지션으로 무릎을 구부리되 남성의 오른팔을 살짝 감싼다는 기분으로 포즈를 한다. 12-1

③ 여성이 어깨에 올라가서 중심을 잡으면 남성은 여성의 허리를 받치는 손모양으로 자연스럽게 바꿔준다. 그 후 남성은 자신의 팔이 펴지도록 여성을 하늘 높이 들어 올린 후 여성을 내려놓는다.

12-1

여성이 제비 포즈로 마무리하는 리프트

앞서 **연습방법 1**(226쪽)을 먼저 한 후 **연습방법 2**를 바로 이어서 연결한다. **연습방법 1**과 **연습방법 2**는 처음엔 따로 연습해서 익숙해지면 두 동작을 연결해서 연습한다.

① 남성은 오른쪽 사선 앞으로 180도 투르를 하고 나서, 자신 쪽으로 날아오는 여성을 왼쪽 어깨에 앉힌다. 동시에 여성의 양쪽 허벅지를 왼팔로 감싸안는다.

② 여성은 바닥에 내려온 후 크루아제 드방 포즈로 서고 오른팔은 3번 포즈로 왼팔은 손바닥을 아래로 한 2번 포즈로 서서 남성이 앞에서 돌고 포즈를 취할 때까지 기다린다. 그리고 여성은 남성의 왼쪽 어깨 쪽으로 두세 발자국 점프하듯이 나가 길게 날아가는 것처럼 보이게 한다.

③ 여성은 남성의 어깨 위에 리프트된 상태에서 제비 포즈를 한다. 여성은 3번 팔 포지션을 거친 후 왼팔을 뒤로 한다. 이때 남성은 자신의 팔을 여성의 횡격막 아래로 옮긴다. 남성의 손은 완전히 펴서 하늘을 향하고, 반드시 여성의 몸에 밀착시켜 여성의 상체를 받치고 있어야 한다. 12-2

12-2

양손을 잡고 리프트해서
어깨 위로 앉는 자세로 마무리하는 동작

① 여성은 8번 방향을 향하고, 바닥에 왼쪽 다리를 앞에 둔 크루아제 자세로 선다. 오른쪽 팔은 손바닥을 남성 쪽으로 향한 3번 포지션이고, 왼팔은 손바닥을 아래로 한 1번 포지션이다. 이때 남성은 여성의 왼편에 있다. 여기서는 서로 마주 보고 있다가 여성이 8번 방향에서 남성 왼쪽으로 돌아가면서 남성의 오른편 어깨 위로 올라가는 동작을 연습한다.

② 남성은 왼쪽 다리로 지탱하면서 여성을 향해 선다. 오른쪽 다리는 뒤에 둔다. 팔은 여성과 마찬가지로 하되, 남성의 오른손으로 여성의 오른손을 잡고, 왼손으로 왼손을 잡는다. 12-3

③ 여성은 왼쪽 다리로 시작하는 파 쿠뤼를 해서 남성 뒤로 가고, 오른쪽 다리로는 바닥을 밀어서 위로 점프한다. 이때 남성의 손을 누르면서 올라간다. 점프할 때 여성의 왼쪽 다리는 무릎을 턴아웃하지 않고 구부려서 앞으로 90도 들어 올린다. 여성은 남성의 오른쪽 어깨 위에 왼쪽 허벅지가 오도록 앉는 자세와 연결동작과 점프를 잘 생각해야 한다.

④ 여성이 점프할 때 여성이 남성 뒤에 있게 되면, 남성은 빠른 동작으로 팔을 위로 쭉 뻗고 동시에 플리에를 한다. 그리고 여성이 남성의 어깨에 올라가자마자 오른쪽 다리를 똑바로 편다. 12-4

12-3
12-4

양손을 잡고
어깨 위로 주테 앙트르라세 하는 리프트

① 여성은 2번 방향으로 등을 돌려서 오른쪽 다리에 무게를 두고 서고, 왼
쪽 다리는 앞으로 쭉 펴서 발끝을 푸앵트 상태로 바닥에 댄다. 오른쪽 팔
은 3번 포지션을 취하면서 손바닥을 남성 쪽으로 하고, 왼팔은 1번 포지
선을 취하면서 손은 손바닥을 밑으로 한다.

② 남성은 여성을 마주 보고 오른쪽 다리에 무게를 두고 서고, 왼쪽 다리는
뒤에 둔다.

③ 남성의 팔은 여성과 같은 포지션으로, 오른손으로 여성의 오른손을 잡고
왼손으로 왼손을 마주 잡는다. 12-5

④ 여성은 왼쪽 다리로 시작해 6번 방향을 향해 대각선으로 주테 앙트르라
세를 한다. 리프트가 완성됐을 때 여성의 오른쪽 허벅지 중간 부분이 남
성의 목에 밀착돼서 정확히 남성의 왼쪽 어깨 위에 오도록 해야 한다.
여성은 빠르게 왼쪽 다리를 오른쪽 다리로 갖다 붙이고 제비 포즈를 취
한다.

12-5

⑤ 여성은 점프를 할 때 남성을 넘어서 날아가서는 안 된다. 여성이 점프하는 순간에 남성은 약간 플리에를 하고, 자신의 왼쪽 어깨를 뒤로 젖히면서 빠르게 팔을 위로 뻗는다. 그리고 어깨 위에 여성의 허벅지가 닿자마자 일어선다. 남성은 상체를 똑바로 유지하면서 여성의 양손을 계속 잡는다. 12-6

⑥ 바닥으로 여성을 내려놓을 때 남성은 오른쪽 무릎을 꿇는다. 여성은 처음에는 한쪽 다리를 내려놓고, 그 다음에 반대 다리를 내려놓는다. 그 후 남성 뒤에서 5번 포지션으로 바닥에 선다. 만약 여성이 남성의 오른쪽 어깨 위에 있다면, 남성은 왼쪽 무릎을 꿇는다.

여성이 남성의 어깨 위로 주테 앙트르라세로 점프하며 리프트되는 동작은 한 손을 잡고 지탱하면서도 배운다. 이런 점프 동작들은 이후에 여러 가지 연결동작들과 함께 다양한 포즈로 연습한다.

12-6

한쪽 팔은 여성의 횡격막 아래를, 다른 팔은 여성의 양쪽 허벅지를 지탱하면서 어깨 위로 주테 앙트르라세 하는 리프트

① 두 사람의 처음 자세는 **연습방법 4**(232쪽 ①~③)와 같다. 다만 남성은 여성의 손을 잡는 것이 아니라 두 스텝 떨어져 여성을 보고 선다.

② 여성은 왼쪽 다리로 시작해서 파 샤세를 한다. 왼쪽 다리로는 통베를 하고, 6번 방향을 향해 대각선으로 주테 앙트르라세를 하면서 남성의 왼쪽 어깨 위로 점프한다. 12-7

③ 여성이 파 샤세를 할 때, 남성은 오른팔을 앞으로 뻗고 손가락을 위로 향하게 해서 여성의 횡격막 아래를 받쳐준다. 여성이 오른쪽 다리를 찰 때 남성은 약간 플리에를 하고, 왼쪽 어깨를 뒤로 젖히지 않으면서 왼쪽 팔로 여성의 양쪽 허벅지를 아래로부터 감싼다.

④ 여성의 제비 포즈가 남성의 어깨 위에서 고정되면 남성은 다리를 똑바로 펴서 8번 방향으로 돌아선다. 여성을 바닥으로 내리는 동작은 앞의 **연습방법 4**(234쪽 ⑥)와 마찬가지이다.

12-7

파 시손으로 남성의 어깨 위에 리프트해서 제비 포즈로 마무리 하는 동작

① 여성은 2번 방향을 향해 오른쪽 다리에 무게를 두고 서고 크루아제 드방 포즈를 한다.

② 남성은 여성으로부터 네다섯 발자국 떨어져서 여성을 보고 선다. 이때 남성은 무대 몸 방향 6번에서 2번을 향한 대각선이다.

③ 여성은 오른쪽 다리로 작은 파 아상블레를 한다. 그리고 힘 있게 바닥을 밀고 나서 양쪽 허벅지가 남성의 어깨 위에 붙도록 잘 계산해서 남성 쪽으로 점프하며 제비 포즈로 마무리한다. 점프할 때는 한쪽 다리로 바닥을 밀어 올려서 파 시손을 한다. 파트너와 지도교사와 함께 연습할 때 필요하면 지도교사가 왼팔로 여성의 횡격막 아래를 지탱해준다.

④ 여성이 파 아상블레를 할 때, 남성은 손바닥을 아래로 하고 오른팔을 앞으로 쭉 뻗어서 여성의 몸을 횡격막 아래에서 받쳐준다. 이후 살짝 플리에를 하고 왼쪽 어깨를 앞으로 돌리면서 왼팔로 밑에서 여성의 양쪽 허벅지를 받쳐준다.

남성의 가슴 위로 뛰는 소 드 바스크

① 여성은 바닥에서 1번 방향을 향해 2번 아라베스크 포즈로 선다.

② 남성은 서너 발자국 떨어져서 여성과 똑같은 포즈를 취하면서 그 뒤에
선다.

③ 여성은 파 샤세를 한 후 자신의 점프가 남성의 가슴 위에서 앉는 자세로
마무리되도록 잘 계산해서 남성 쪽을 향해 소 드 바스크를 한다. 이때 여
성은 남성을 치지 않도록 주의한다. 그러기 위해 움직이는 과정에서 왼
쪽 다리를 던져 올리지 않아야 한다.

④ 여성이 점프할 때 남성은 살짝 플리에를 하고 양팔을 옆으로 벌리고 앞
으로 한 발자국 나가서 가슴을 내민다. 그 후에 날아오르는 여성을 잡아
챈다. 여성의 포즈와 남성 팔의 자세는 가슴 높이 리프트 기본동작(205
쪽)과 같다.

남성의 어깨 위로 뛰는 소 드 바스크

① **연습방법 7**(239쪽 ①~③)과 처음 자세와 동작은 같다.

② 단 여성이 소 드 바스크로 점프할 때 남성의 가슴 위가 아니라 남성의 어깨 위에서 마무리한다.

③ 남성은 여성이 점프할 때 오른쪽 어깨를 내민다.

어깨 위에서 물고기 포즈나
제비 포즈로 연결되는 다양한 리프트

여성이 남성의 어깨 위에 올라앉은 동작에서 여성의 완성된 포즈는 두 다리를 모을 수도 있고, 한 다리는 남성의 팔에 걸고 한 다리는 아티튀드 크루아제 드방 포즈로 올라갈 수도 있다. 여성이 남성의 어깨 위로 올라가는 동작에 대한 연습은 226쪽을 참고한다.

연습방법 1

어깨 위에서 여성이 물고기 포즈로 이동하는 동작

① 여성은 남성의 오른쪽 어깨 위에 앉아 있다.
② 남성은 왼손으로 여성의 허리를 감싸안으면서 여성의 오른쪽 옆구리 쪽으로 옮긴다. 오른손은 여성의 오른쪽 허벅지를 따라 미끄러지듯이 감싼다.
③ 여성은 오른쪽 다리를 앞으로 쭉 펴고 나서, 1번 포지션을 지나서 7번 방향을 향해 물고기 포즈를 한다.

주의사항

여성을 지탱하는 방법은 남성이 제자리에서 360도 회전하면서도 할 수 있다. 지탱하는 기술적인 부분은 관객의 눈에 띄어서는 안 된다. 즉, 남성이 1번 방향 쪽으로 등을 돌릴 때, 그 순간 포즈의 전환이 이뤄져야 한다.

여성이 공중에서 투르하면서 남성의 어깨 위에서 물고기 포즈로 마무리하는 동작

① 여성은 남성의 오른쪽 어깨 위에 앉아 있고, 여성의 다리는 남성의 등 뒤로 간다. 12-8

② 남성은 살짝 다리를 구부리면서 여성을 위로 던진다. 남성이 던지는 순간, 여성은 오른쪽 어깨를 앞으로 하면서 빠르게 돈다. 그리고 힘차게 왼쪽으로 기울이고 나서 7번 방향을 향해 물고기 포즈를 취한다.

③ 남성은 왼쪽 팔을 아래로 내리지 않은 채 여성의 허리를 감싼다. 오른팔로 공중에서 원을 빠르게 그리면서 여성의 오른쪽 허벅지를 위에서 잡는다. 여성을 살짝 들어 올릴 때 남성은 다리를 펴면서 살짝 튕기듯이 반동을 사용해서 양쪽 다리로 튀어 오른다. 이런 반동과 튀어 오르는 순간이 두 사람의 동작을 마무리하는 호흡이 된다.

12-8

물고기 포즈로 투르를 하면서
제비 포즈로 마무리하는 리프트

① 여성은 3번 방향을 향해 남성의 팔 위에서 물고기 포즈 상태이다.

② 남성은 살짝 플리에를 한 후 여성을 위로 살짝 던지고 동시에 양팔을 사용해 여성을 왼쪽으로 돌린다. 남성이 여성의 몸을 돌릴 때 여성은 빠르게 팔을 3번 포지션으로 올리고, 상체를 높이 세우면서 힘차게 턴을 한다.

③ 여성은 남성의 왼쪽 어깨 위에서 제비 포즈를 취한다. 여성은 푸에테 앙투르낭을 할 때와 똑같은 상체 동작을 한다.

④ 여성을 던지고 나서 남성은 곧바로 살짝 플리에를 하고 힘차게 왼쪽 어깨를 앞으로 내민다. 오른손으로 여성의 횡격막 아래를 받쳐주고, 왼손으로는 밑에서 여성의 양쪽 허벅지를 잡는다. 어깨 위로 여성을 올리고 나서 남성은 8번 방향 쪽으로 돌아선다.

⑤ 여성은 무릎을 구부린 오른쪽 다리를 빠르게 모았다가 펴주고 그 후에 양쪽 다리의 무릎을 동시에 구부리면서 낮은 위치에서 제비 포즈로 마무리한다.

주의사항

남성은 플리에를 하고 끝까지 다 펴지 않은 상태로 다리를 민다. 그 후에 빠르게 여성을 위로 들어 올리면서 동시에 다시 살짝 플리에를 한다. 최종적으로 다리를 펴면서 리프트를 마무리한다. 이렇게 리프트를 할 때는 남성의 다리 근육에 큰 무리가 될 수 있으므로 주의가 필요하다.

남성은 여성이 정확하게 자신의 머리 위에 오도록 들어 올린다. 이를 위해서 남성이 리프트를 할 때 한 스텝 나가서 여성의 몸 아래에서부터 다가가듯이 해야 한다. 또 남성은 허리를 구부려서는 안 된다. 이럴 경우 척추의 부상 위험이 있다. 지도교사가 함께할 경우 교사는 남성이 정확하게 상체를 잡아서 리프트를 해낼 수 있도록 신경을 쓴다. 여성은 복사뼈를 다치지 않도록 리프트 후 바닥으로 내려올 때는 드미플리에를 해야 한다. 여성을 던지고 들어 올리는 동작은 상당히 어려운 동작이므로, 지도교사는 남성의 기량과 훈련 수준, 신체적인 준비 상황을 고려해서 진행한다.

큰 점프의 리프트

1번 아라베스크 포즈에서 하는 그랑 주테 리프트

① 여성은 오른쪽 다리를 앞에 둔 5번 포지션을 하고, 팔은 준비자세를 취한다.

② 남성은 여성의 왼쪽 어깨에 가깝도록 그 뒤에 서고, 양손은 여성의 허리에 대고 있는다.

③ 여성은 드미플리에를 한 후, 발을 바꾸지 않고 왼쪽 다리로 파 글리사드를 한다. 여성이 파 글리사드를 할 때 남성은 여성을 따라 걷는다. 이후 여성의 허리를 따라가면서 왼손은 왼쪽 날개뼈의 조금 높은 위치로 가고, 오른손은 앞으로 약간 옮기면서 양손의 손가락을 위로 올린다.

④ 이후 여성은 왼쪽 다리로 힘 있게 바닥을 밀어서 7번 방향을 향해 1번 아라베스크 포즈로 그랑 주테를 한다. 이때 상체를 앞으로 숙이지 않고 위로만 점프해야 한다.

⑤ 여성이 점프할 때, 남성은 팔을 위로 펴면서 정확히 자신의 머리 윗 방향으로 여성을 들어 올린다. 여성이 공중에서 날아가는 동작이 포물선을 그리는 것은 매우 중요하다. 12-9

⑥ 동작을 멈추지 말고 부드럽게 여성을 바닥으로 드미플리에 해서 내려오도록 도와준다.

12-9

아티튀드 포즈로
그랑 주테 앙 투르낭 하는 리프트

① 여성은 왼쪽 다리로 서서 아티튀드 크루아제 포즈를 한다.

② 남성은 여성 뒤에 서고, 양팔은 여성의 허리에 둔다. 12-10

③ 여성은 축이 되는 다리로 드미플리에를 한 후, 오른쪽 다리로 시작해서 발을 바꾸는 파 글리사드를 한다. 왼쪽 다리로는 바닥을 밀어서 아티튀드 포즈에서 그랑 주테 앙 투르낭을 한다. 이 동작에서는 여성은 남성의 몸을 타고 돌듯이 뒤로 파 글리사드를 한 후 그랑 주테 아티튀드 포즈로 마무리하는 연습을 한다.

④ 남성은 여성과 동시에 파 글리사드를 하되, 여성을 조금 앞지르면서 한다. 팔은 여성의 허리선을 따라 이동하되, 왼손은 왼쪽 견갑골 조금 위로, 오른손은 허리 쪽으로 옮긴다.

⑤ 여성이 점프할 때 남성은 양팔을 빨리 펴서 여성을 잡는다. 그리고 8번 방향을 향해서 살짝 옮긴다. 리프트할 때는 남성은 양 손바닥으로 무게를 지탱해야 하고, 여성은 몸을 앞으로 숙이지 않고 위로만 점프해야 한다. 12-11

⑥ 여성의 무게중심을 왼쪽에서 오른쪽으로 옮겨놓는다. 여성은 부드럽게 오른쪽 다리로 드미플리에하면서 아티튀드 크루아제 포즈로 바닥에 내려온다. 남성이 부드럽게 내려가도록 도와준다.

몽환적인 미를 완성하는
낭만발레의 파드되

〈라 실피드La Sylphide(1832)〉와 〈지젤Giselle(1841)〉
은 중력의 존재를 잊게 만드는 대표적인 작품이다. 이
작품들이 낭만발레라고 불리는 이유는 로맨틱 튀튀의
몽환적 분위기와 이룰 수 없는 사랑을 둘러싼 신비한
이야기, 그리고 공기를 가르는 깃털 같은 움직임 때문일
것이다.

특히 〈지젤〉 2막 그랑 파드되에는 이런 점들이 집
약돼 있다. 솔로 바리에이션의 가볍고 빠른 동작들은 감
탄을 자아내고, 아다지오에서 지젤이 알브레히트의 어
깨 위로 날아가듯이 표현되는 그랑 주테 앙 투르낭 리
프트는 이 작품 특유의 환상적인 미를 배가시킨다. 이
환상을 만들어내기 위해 파드되의 기술에서 몇 가지 중
요한 점이 있다. 알브레히트가 지젤보다 살짝 앞서가면
서 점프하는 지젤을 잡는 것, 중력의 지배를 받지 않는
윌리를 표현할 수 있게 알브레히트가 양 손바닥으로 지
젤의 무게를 지탱하며 도는 것, 지젤이 부드럽게 바닥에
내려올 수 있도록 서포트해주는 부분들을 눈여겨볼만
하다. 이후에 가슴 높이에서 리프트하는 장면들이 이어
지는데, 이때 알브레히트의 양손이 각각 지젤의 횡격막
과 허리에 위치한 것도 다시 한번 살펴볼 부분이다. 죽
은 영혼과 사람이 함께 추는 파드되이기 때문에 신비한
분위기를 살리는 파드되의 호흡과 표현이 필요하다.

이 그랑 파드되는 알브레히트를 살려달라는 지젤
의 간청을 미르타와 윌리들이 거절하면서 추는 춤이다.
비록 배신했지만 사랑하는 남자의 목숨을 구하기 위해
지젤이 혼을 다해 추는 춤이자, 죄책감에 쌓인 알브레히
트와 모든 것을 용서하겠다는 지젤의 애절한 대화이자,
이제는 이룰 수 없는 사랑을 향한 작별 인사이다. 이 그
랑 파드되 이후 새벽이 찾아오면서 알브레히트와 지젤
은 영원한 이별을 맞이한다. 그렇기 때문에 이 처연한
그랑 파드되를 바라보는 관객들은 슬픔과 아름다움이
혼재된 감정에 빠져들고, 무용수들은 기술과 예술이 몸
안에서 만나는 것을 경험하게 된다.

그랑 소 드 바스크로 리프트

① 여성은 오른쪽 다리를 앞에 둔 5번 포지션을 하고 팔은 준비자세를 한다.

② 남성은 여성 뒤에 서고, 손은 여성의 허리에 둔다.

③ 여성은 오른쪽 다리로 시작해서 발을 바꾸지 않고 파 글리사드를 한다. 남성은 여성과 같이 파 글리사드를 하고, 손가락으로 여성의 허리를 잡은 후 허리선을 따라 팔을 모은다.

④ 이후 여성은 왼쪽 다리로 2번 방향으로 돌면서 그랑 소 드 바스크를 한다. 이때 남성은 리프트 높이를 어깨 정도로 고정시켜, 마치 춤추는 동안 여성의 허리를 따라가는 것처럼 안정된 지점을 만든다.

⑤ 여성이 점프할 때 남성은 자신의 팔로 지탱할 수 있게 어깨를 이용해 상체를 독무할 때보다는 뒤로 많이 젖힌다. 리프트할 때 남성은 자신의 위에서 여성을 받쳐주면서 점프 방향인 2번 방향으로 여성을 옮긴다.

⑥ 여성이 부드럽게 바닥에 드미플리에 해서 내려오도록 도와준다.

앞에서 리프트하는 그랑 파 드 샤도 같은 방법으로 한다.

서로 마주 보고 하는 주테 앙트르라세 리프트

① 여성은 바닥에서 크루아제 데리에르 포즈를 하되, 등을 7번 방향으로 돌리고 왼쪽 다리로 선다.

② 남성은 한 스텝 떨어져서 정해진 포즈로 여성을 마주 보고 선다.

③ 여성은 오른쪽 다리로 한 스텝 나가고 나서 힘차게 양손으로 남성의 양쪽 어깨를 누르면서 7번 방향에서 3번 방향을 따라 주테 앙트르라세를 한다. 여성은 남성 위로 리프트될 수 있게 앞이 아니라 위쪽 방향으로만 점프해야 한다. 점프할 때 여성의 상체와 머리는 뒤로 많이 젖혀진다.

④ 남성의 손은 여성의 허리선보다 아래에 오고, 리프트할 때는 여성의 무게가 손바닥에 지탱되도록 양손으로 여성의 허리를 지탱해준다. 12-12

⑤ 점프할 때 남성은 여성에게 다가가듯이 한 스텝 나가고, 여성을 머리 위로 들어 올리면서 동시에 3번 방향으로 돌아 가볍게 여성을 바닥으로 드미쁠리에를 시키면서 내려놓는다.

12-12

여성이 공중에서 수직자세로 투르

이 동작은 '샹주망 드 피에에서 리프트하기(172쪽)'를 기본으로 한 투르 리프트 동작이다. 마치 남성이 하는 투르 앙 레르 동작을 여성이 남성의 도움을 받아 하는 동작이다.

① 여성은 오른쪽 다리를 앞에 둔 5번 포지션을 한다.
② 남성은 여성 뒤에 서고, 팔은 여성의 허리에 둔다.
③ 여성은 두 다리로 를르베로 서고, 오른팔은 1번 포지션, 왼팔은 2번 포지션을 취한다.
④ 여성은 드미플리에를 하고 나서 오른쪽으로 한 바퀴 투르를 하면서 힘차게 위로 점프한다. 투르를 잘할 수 있게 여성은 팔의 방향과 에너지의 도움을 받고, 이후 빠르게 3번 팔 포지션으로 옮긴다. 여성은 점프의 제일 높은 지점에서 투르를 할 수 있도록 힘을 놓지 않아야 한다. 여성이 바닥에서 위로 올라가는 순간에 남성은 힘차게 여성을 위로 던지고, 투르를 잘 하도록 도와준다.
⑤ 투르를 마무리할 때 여성의 허리를 잡고 바닥으로 내려놓거나, 혹은 어깨 위에 앉는 자세로 올려놓는다.

주의사항 **리프트할 때 여성 무용수의 등 근육 사용법**

파드되 리프트를 잘 수행하기 위해서는 여성 무용수들은 등 근육을 잘 사용할 줄 알아야 한다.

① 리프트 직전 준비 단계

- 견갑골 고정: 어깨를 끌어내리면서shoulder depression 견갑골을 살짝 모아준다. 이 자세는 발레에서 가장 기본적인 상체 자세로 상체가 단단해져 남성이 잡았을 때 흔들림을 줄이는 데 도움이 된다.
- 광배근latissimus dorsi 활성화: 팔을 아래로 길게 늘린 듯한 느낌으로 광배근을 단단히 수축해야 허리와 골반이 안정된다.

② 점프 순간

- 척주기립근erector spinae 사용: 척추를 길게 뻗는다는 생각으로 척주기립근을 사용해야 몸통이 무너지지 않고 길게 늘어난 선을 유지할 수 있다.
- 흉추 확장thoracic extension: 가슴을 위로 열어주되, 허리가 꺾이지 않도록 복부와 등 사이의 균형을 유지한다.

③ 점프 후 공중에 있는 순간

- 견갑골 안정화scapular stability: 견갑골을 살짝 모으면서 아래로 내리고, 승모근 상부를 과도하게 쓰지 않는다.
- 광배근·능형근rhomboids 함께 사용: 팔과 다리 방향이 길게 뻗도록 지탱, 특히 리프트 순간 남성의 손에 체중이 실리더라도 여성은 몸통이 무너지지 않도록 주의한다.
- 코어와 연동: 복부 깊은 근육(횡격막·복횡근)과 척주기립근을 동시에 사용한다. 이때 등과 복부가 서로 기둥처럼 버텨줘야 한다.

13

머리 위로 들어 올리는 리프트

리프트 동작에서 가슴 높이로 들어 올리는 부분은 여성이 부동의 자세를 유지하려고 풀업을 해주는 것이 가장 중요하고, 어깨 위로 들어 올리는 동작에서는 여성이 바닥을 밀고 점프하는 것이 가장 중요하다. 특히 점프할 때 다리를 교체하면서 동작의 모양이 변형되는 경우가 많기 때문에 여성은 상체를 매우 단단하게 잡고 있어야 한다. 이때 남성은 여성의 점프 타이밍에 따라 맞춰서 들어 올리는 훈련이 필요하다.

13장에서는 남성이 여성을 자신의 머리 위로 들어 올리는 리프트를 본격적으로 하게 된다. 여성을 머리 위로 드는 동작을 할 때 여성은 시선이 아래를 향하지 않도록 해야 한다. 아래를 보면 지상에서 멀어지면서 두려움이 생겨 순간적으로 자신의 호흡을 놓을 수가 있기 때문이다. 여성은 수직으로 올라가는 경우에 상체를 최대한 펴서 숙여지지 않게 해야 한다. 뛰어오는 여성을 남성이 잡아 올리는 동작을 할 경우, 남성이 여성을 잡는 순간에 남성의 호흡에 맞춰 남성이 플리에를 해야 한다. 그래야 서로 타이밍을 맞춰 리프트 동작을 할 수 있다. 특히 여성을 들어 올릴 때 남성은 허리를 구부려서는 안된다. 남성의 등은 항상 꼿꼿해야 한다. 스텝이 많은 콤비네이션 동작을 연습할 때는 먼저 여성이 동작을 잘 숙지한 후 남녀가 함께 동작을 연습한다. 그 이유는 여성의 중심축에 따라 남성이 움직이기 때문이다. 남녀가 따로 동작을 숙지한 후에 파드되 호흡을 맞춘다.

두 팔 위에서
포즈를 고정시키는 리프트

허리 아래를 받쳐서 하는 리프트

① 여성은 오른쪽 다리를 앞에 둔 5번 포지션을 취하고, 팔은 준비자세를 한다. 남성은 여성의 뒤에 서고, 팔은 여성의 허리 위에 둔다.

② 여성은 플리에를 하고 팔을 3번 포지션으로 들어 올리면서 소테를 한다. 제일 높은 지점에 도달했을 때 자신의 허리와 견갑골을 뒤로 젖힌다. 여성이 점프할 때 남성은 여성을 들어 올린다. 이후 살짝 플리에를 하고 여성에게 다가가듯이 앞으로 한 스텝 나간다. 동시에 양 손가락 끝으로 여성의 허리를 감싸도록 여성의 허리와 몸에 팔을 붙인다. 13-1

③ 동작이 끝나고 내려올 때 여성은 상체를 수평자세로 하고, 드미플리에를 하면서 5번 포지션으로 내려온다.

13-1

1번 아라베스크 포즈로 제자리에서 리프트

남성은 무대 실전에서 여성의 상체를 리프트 할 때 반드시 자신의 오른팔로 해야 한다. 즉, 오른팔에 무게가 실리고 왼팔은 힘을 덜 받는다.

① 여성은 오른쪽 다리를 중심으로 한 1번 아라베스크 포즈로 선다.

② 남성은 여성 뒤에 서고, 양팔은 여성의 허리에 둔다.

③ 여성은 흔들리지 않게 자세를 유지한다. 남성의 오른쪽 다리가 앞으로 반 발자국 나간다. 13-2

④ 남성은 오른쪽 다리는 무릎을 굽혀 바닥에 대고, 왼쪽 다리로는 플리에를 한다. 오른팔은 여성의 오른쪽 옆구리에 가깝게 횡격막 아래로 옮기고, 왼팔은 여성의 왼쪽 허벅지 아래로 옮긴다. 남성의 팔은 어깨 너비만큼 벌려서 같은 높이에 있어야 하고, 손바닥은 위를 보고, 손가락은 넓게 벌려 잡는다.

13-2

⑤ 여성은 중심 다리인 오른쪽 다리를 바닥으로 내리면서 드미플리에를 하고, 그 다리로 힘차게 밀어 올린다. 이때 동시에 남성은 위에서 팔을 고정시키면서 여성을 들어 올린다. 리프트할 때 여성은 오른쪽 무릎을 구부려서 왼쪽 다리 중간 부분 또는 허벅지 부분에 발끝을 갖다 댄다. 바닥을 밀어 올릴 때는 1번 아라베스크 포즈를 정확하게 지키는 것이 매우 중요하다. 상체를 앞으로 기울이거나 자세가 흐트러지면 안 된다. 13-3

⑥ 리프트 후 남성이 여성을 바닥으로 내려놓을 때 처음에는 여성을 자신의 가슴 높이까지 내린다. 그 후에 깊게 플리에를 하고서 여성을 드미플리에를 하게 하면서 내려놓고 처음 자세로 마무리한다.

이 동작의 리프트를 유지하고 있을 때는 지도교사의 보호가 필요하다. 교사는 오른손으로 여성의 왼손을 잡고, 왼손으로는 여성의 왼쪽 팔꿈치를 잡아준다. 이 리프트를 처음 배울 때는 남성의 가슴 높이까지만 하고, 숙련되면 어깨 위로 리프트하도록 연습한다.

13-3

1번 아라베스크에서 그랑 주테하고
남성의 위로 뻗은 팔 위에서 포즈를 고정시키는 리프트

① 여성은 오른쪽 다리로 시작하는 파 글리사드를 한다.

② 왼쪽 다리로 바닥을 밀어 올리고 나서 3번 방향으로 1번 아라베스크 포즈에서 그랑 주테를 한다.

③ 남성은 양손으로 여성의 허리를 지탱하면서 빠르게 여성을 들어 올리되, 머리 위로 팔을 펴서 뻗고 그 위에서 여성의 1번 아라베스크 포즈를 고정시킨다. 왼손으로는 여성의 왼쪽 허벅지를 밑에서 잡는다. 리프트를 할 수 있는 최대 높이까지 갔으면 여성은 자신의 상체를 평소보다 조금 더 많이 남성의 오른팔 쪽으로 옮긴다. 즉, 약간 앞으로 가는 것이다. 여성이 앞쪽으로 상체가 가면서 허벅지를 받치고 있던 남성의 왼팔은 상대적으로 힘을 덜 받게 된다. 13-4~5

지도교사는 남성 쪽에 서서 왼팔로 여성의 몸 아래를 받쳐주며 두 사람과 동시에 움직인다. 이 리프트 방법은 아티튀드 에파세에서 여성이 그랑 주테를 할 때도 적용된다. 이 리프트 방법은 앞의 **연습방법 2**(260~263쪽)의 응용동작이다.

13-4
13-5

달려오는 여성을
제비 포즈로 들어 올리는 엔젤리프트

① 여성은 오른발을 뒤에 두고 크루아제 드방 아 테르 자세로 3번 방향을 향해 서 있다. 남성은 여성을 바라보며, 7번과 3번 방향을 잇는 직선 위에서 여성과 대여섯 걸음 떨어져 7번 방향을 향해 선다.

② 여성은 남성 방향으로 파 쿠뤼를 하면서 달려가는데 남성의 발 앞에서 파 통베를 하며 왼발로 떨어진다. 그때 여성은 바닥을 강하게 밀어내고 남성은 여성을 제비 포즈로 들어 올린다. 여성이 점프할 때 골반은 반드시 남성의 어깨와 같은 높이에 있어야 한다. 여성은 달려와서 점프할 때 남성을 지나쳐 날아가듯 넘어가는 것이 아니라, 마치 남성 위로 올라간다는 느낌으로 뛴다.

③ 여성이 파 통베를 할 때 남성은 무릎을 살짝 굽히고 두 손을 여성의 골반에 놓고 여성의 무게가 손바닥 뒤쪽에 실리도록 한다. 손가락은 여성의 갈비뼈 앞부분에 닿아야 한다. 여성이 점프할 때, 남성이 여성을 들어 올려 제비 포즈에서 팔을 완전히 뻗어 안정시키게 되는데, 이를 엔젤리프트라고 한다. 13-6

④ 동시에 여성은 오른쪽 다리를 아래로 뻗고, 그 후 남성은 무릎을 굽혀 여성을 부드럽게 바닥에 퐁뒤 혹은 드미플리에 상태로 내려놓는다.

만약 처음 이 동작을 시도할 때 리프트가 잘 되지 않을까 걱정된다면 남성의 뒤에서 한 걸음 떨어진 곳에 서서, 만약의 실수에 대비하여 여성의 팔이나 어깨를 잡아야 한다. 여성이 다리를 곧게 뻗은 채 상체를 뒤로 젖히는 제비 포즈 동작을 연습할 때, 그것을 곡예적 묘기로 접근해서는 안 된다. 리프트 연습의 하나로 여겨야 하며, 클래식발레 레퍼토리 중 작은 한 부분으로 생각해야 한다.

13-6

한 팔 위에서
포즈를 고정시키는 리프트

남성의 한 팔 위에서 여성이 포즈를 고정하면서 리프트하는 것은 기술의 난도가 높기 때문에 위험 부담도 그만큼 크다. 따라서 두 사람의 호흡과 신호는 중요하다. 두 사람 모두 자신의 몸을 잘 제어할 수 있고 동작의 콤비네이션을 자유롭게 할 수 있는 상태여야 이 리프트의 실행이 가능하다. 남성의 한 팔 위에서 여성이 포즈를 고정시키면서 하는 모든 리프트 동작은 들어올린 팔뿐 아니라 다른 팔도 적극적으로 사용할 수 있어야 한다. 연습방법을 통해서 양팔을 각각 어떻게 사용하는지 익히도록 한다.

플로어에서 파드되를 연습할 때, 여성은 바닥에 서서 남성의 손, 손바닥, 팔로 지탱해서 연습했다. 그때 손바닥과 손바닥을 서로 밀고 받쳐주는 동작을 연습하면서 여성은 팔꿈치를 최대한 펴서 남성의 손바닥을 밀고, 서로 간의 힘을 느끼는 시간을 가졌을 것이다. 그때 느꼈던 에너지는 공중에서 한 손으로 남성이 리프트할 때 서로 팔로 밀면서 흔들리지 않도록 하는 바탕이 된다.

여성의 허리나 엉덩이 등을 남성이 한 손으로 들어 올릴 경우, 남성은 여성의 중심을 정확히 찾아 한 번에 들어 올리는 연습을 많이 해야 한다. 여성은 남성이 한 번에 여성의 중심을 찾아 올릴 수 있도록 완성 동작의 중심으로 몸의 중심을 빠르게 바꿔서 남성이 리프트하는 타이밍에 맞추는 연습이 필요하다. 특히 여성이 뛰어오르면서 남성이 한 손으로 들어주는 동작에서는 여성의 점프력과 호흡이 필요하다. 남성의 가슴 위에서 여성의 포즈를 고정하는 동작의 경우에는 직선, 사선, 원을 따라 움직이고, 투르의 횟수를 늘려 완벽하게 지탱하는 연습이 필요하다. 파드되 리프트는 두 사람이 함께 하는 동작인 만큼 두 사람이 서로 믿고 신뢰하는 마음이 매우 중요한 부분이다.

　한 팔로 리프트할 때도 남성은 오른팔로 여성의 허리 아래를 지탱하고 왼팔로는 여성의 왼쪽 종아리 아랫부분을 받쳐준다. 여성이 점프할 때 남성은 마치 왼쪽 다리로 일어서고 싶어 하는 것처럼 왼쪽 다리를 편다. 이렇게 하면 여성의 리프트를 훨씬 더 가볍게 해줄 수 있다. 지도교사가 함께할 경우 교사는 남성의 오른쪽 옆에 있고, 여성의 허리 아래를 왼팔로 받친다.

허리 밑에서 받쳐주며 리프트

① 여성은 오른쪽 다리를 앞에 둔 5번 포지션을 취하고, 팔은 3번 포지션을 한다. 남성은 여성 뒤에 서고, 팔은 여성 허리 위에 둔다.

② 여성은 왼쪽 다리를 구부리고 무릎을 앞으로 향하게 하는데 이때 왼쪽 다리가 턴아웃 상태는 아니다. 왼발의 발끝을 반대 다리 무릎에 쿠드피에보다 조금 높은 위치에 갖다 댄다.

③ 남성은 살짝 플리에를 하고 오른팔을 여성의 허리로 옮긴다. 검지손가락과 엄지손가락은 허리에 놓고, 손바닥은 천골 쪽에 딱 붙인다. 왼팔로는 여성의 왼쪽 무릎보다 약간 아래를 잡기도 한다.

④ 여성은 드미플리에를 하고 오른쪽 다리로 힘차게 바닥을 밀어 올려서 위로 점프한다. 이때 남성은 양손으로 빠르게 여성을 들어 올린다. 남성의 오른쪽 팔꿈치가 펴졌을 때, 여성은 허리와 견갑골을 뒤로 젖히면서 동작을 수려하게 연결한다. 이렇게 하면 남성이 여성을 한 손 위에서 받칠 수 있도록 도움을 준다. 그 후에 남성은 왼팔을 2번 포지션으로 벌린다. 여성은 남성의 오른손 위에 위치하게 된다. 여성은 구부린 왼쪽 다리를 오른쪽 다리에 갖다 붙인다. 이때 고관절이 흔들리지 않도록 주의한다. 그래야 남성이 여성을 들어 올리는 데에도 수월할 수 있다. 13-7

⑤ 리프트 후 여성을 바닥으로 되돌릴 때 남성은 왼팔을 여성의 횡격막 아래로 옮기고, 여성은 상체를 부드럽게 수직자세로 만든다. 여성이 드미플리에로 내려올 때 남성은 여성을 양팔로 받치면서 부드럽게 여성을 내려놓는다.

13-7

걸쳐 앉는 자세로 리프트

① 여성은 오른쪽 다리를 앞에 둔 5번 포지션을 취하고 팔은 3번 포지션을 한다. 남성은 여성 뒤에 서고 팔은 여성의 허리 위에 둔다.

② 남성은 깊게 플리에를 하고 왼손을 여성의 왼쪽 무릎보다 조금 아래로 옮기고, 오른손 손바닥으로는 여성의 엉덩이 근육 아래를 받친다.

③ 여성은 발바닥 전체로 드미플리에를 하며 내려오고, 힘차게 바닥에서 일어서서 위로 점프한다. 이때 남성은 양손으로 여성을 들어 올린다. 그 후에 왼손을 놓고 한 팔에만 걸쳐 앉는 자세로 받쳐준다. 리프트할 때, 여성의 상체는 허리를 조금 젖히고 어깨뼈를 모으며, 골반 근육에도 최대한 힘을 모아야 한다. 자세를 마무리할 때 여성의 포즈는 여러 가지가 될 수 있다. 13-8

④ 여성을 바닥으로 내려놓을 때 남성은 왼팔로 여성의 왼쪽 무릎을 잡고 가슴 높이까지 여성을 내린다. 그 후에 깊게 플리에를 하고, 바닥에 한쪽 다리로 내려놓도록 한다.

⑤ 여성은 남성의 한쪽 팔 위에 붙으면서 5번 포지션을 하듯 구부린 다리를 편다. 이때 남성은 왼팔을 여성의 횡격막 아래로 옮겨서 바닥에 두 다리로 내려 마무리할 수 있도록 한다. 또 다른 방법으로 여성을 가슴 높이까지 내려놓은 후에 여성의 허리를 밑에서 잡고, 오른손으로는 위에서 여성의 오른쪽 허벅지를 잡는다. 여성을 내리기 전 공중에서 살짝 던져 올리면서 내리면 자세를 잘 유지하면서 할 수 있다.

13-8

두 다리를 모으는 자세로 소 드 바스크로 리프트해서
남성의 가슴 위에서 앉는 자세로 마무리하는 동작

① 여성은 왼쪽 다리로 8번 방향으로 향해 서고, 오른쪽 다리는 대각선으로 4번 방향을 향해서 곧게 펴되, 발끝을 푸앵트 상태로 바닥에 댄다. 오른팔은 3번 포지션, 왼팔은 2번 포지션을 한다.

② 남성은 여성의 뒤에 서너 발자국 떨어져 서되, 8번에서 4번 방향을 향해 대각선으로 여성과 똑같은 포즈로 서 있는다.

③ 여성은 오른쪽 다리로 시작하는 짧은 파 샤세를 하고 나서 소 드 바스크를 한다. 이때 남성의 가슴 높이에서 앉는 자세로 있을 수 있도록 간격을 미리 고려해서 공중에서 3/4바퀴 도는 소 드 바스크를 하고 자신의 왼쪽 옆구리가 남성의 가슴 앞에 오도록 한다.

④ 여성이 파 샤세를 할 때 남성은 양쪽 다리로 깊게 플리에를 하고, 여성이 남성 쪽으로 왼쪽 옆구리를 돌릴 때 여성을 돌린다. 오른손은 여성의 엉덩이 근육 아래를 받치고, 왼손은 왼쪽 무릎 아래를 받친다. 여성이 점프를 하면 남성이 리프트를 수월하게 할 수 있다. 여성의 포즈를 고정시킬 때 남성은 왼손을 놓는다. 지도교사는 그의 오른쪽 어깨 옆쪽을 향해 남성의 뒤에 선다. 여성을 바닥으로 내려놓는 것은 앞의 **연습방법 2**(272쪽 ⑤)와 같다.

공중에서 포즈를 바꾸는 동작

남성이 머리 위로 팔을 뻗고 그 위에서 고정된 자세로 유지하고 있는 여성을 위로 살짝 던질 때는 남성은 상체를 똑바로 유지하면서 짧은 플리에를 한다. 그리고 팔은 팔꿈치를 다 펴고 빠르게 무릎도 편다.

1번 아라베스크 포즈의 여성을 살짝 던지면서
물고기 포즈로 마무리하는 리프트

① 여성은 공중에서 3번 방향을 향해 남성의 머리 위에 1번 아라베스크 리프트 자세를 만든다. 이때 남성의 한 손은 여성의 허리선보다 살짝 아래인 배꼽 주변에, 다른 한 손은 여성이 아라베스크를 하며 들고 있는 뒷다리의 허벅지에 있다.

② 남성은 살짝 플리에를 하고 여성을 정확히 위로 던진다. 그 다음에 물고기 포즈로 있는 여성을 밑에서 잡고, 왼팔로 위에서 여성의 왼쪽 허벅지를 잡는다.

주의사항

이 동작에서 여성은 최대한 풀업이 된 상태여야 한다. 남성은 양쪽 다리로 튀어오르면서 여성이 물고기 포즈로 바꾸는 것을 부드럽게 도와준다. 이때 여성의 상체는 똑바른 자세가 유지돼야 한다. 지도교사는 남성을 향해 서서 여성의 몸 아래를 왼팔로 받쳐준다.

1번 아라베스크 포즈의 여성을 살짝 던지고, 여성이 돌면서 물고기 포즈로 마무리하는 리프트

① 남성은 1번 아라베스크 포즈를 한 여성을 위로 살짝 던진다. 이때 여성은 다리를 5번 포지션으로 모으고, 팔은 3번 포지션으로 한다. 공중에서 오른쪽 어깨를 앞으로 돌리고, 7번 방향을 향해서 물고기 포즈를 한다.

② 남성은 왼팔로 여성의 상체를 밑에서 잡고, 오른팔로 위에서 오른쪽 허벅지를 잡는다. 처음 포즈에서 다른 포즈로 옮길 때 여성은 남성의 가슴 위에 있어서는 안 된다. 여성은 허벅지를 항상 힘차게 앞으로 내밀고 있고, 허리와 견갑골을 뒤로 젖혀 휘게 하며 머리 역시 뒤로 젖힌다.

3번 아라베스크 포즈의 여성을 살짝 던지고, 여성이 돌면서 물고기 포즈로 마무리하는 리프트

① 여성은 2번 방향으로 남성의 머리 위에 3번 아라베스크 리프트 자세를 만든다. 이후 남성은 여성을 위로 살짝 던진다.

② 여성은 수직 상태로 오른쪽 방향으로 완전히 턴을 하고, 3번 방향을 향해서 물고기 포즈를 한다. 투르를 할 때 여성의 왼팔은 빠르게 3번 포지션으로 옮기고, 다리는 공중에서 잠시 동안 5번 포지션을 유지한다. 투르 후에 여성은 오른쪽 무릎을 구부리고, 발끝을 왼쪽 종아리 중간 부분에 갖다 댄다. 남성은 오른팔로 여성의 허리를 밑에서 잡고, 왼팔로 위에서 여성의 왼쪽 허벅지를 잡는다.

4번 아라베스크 포즈의 여성을 살짝 던지고, 여성이 돌면서 물고기 포즈로 마무리하는 리프트

① 여성은 3번 방향으로 남성의 머리 위에 4번 아라베스크 리프트 자세를 만든다. 이후 남성은 여성을 위로 살짝 던진다.

② 이때 여성은 잠시 동안 다리를 5번 포지션으로 쭉 편다. 팔은 3번 포지션으로 모으고, 상체를 왼쪽으로 약간 돌리고 나서 공중에서 물고기 포즈를 취한다. 남성은 오른팔로 여성의 허리를 밑에서 잡고, 왼팔로 허벅지를 잡는다.

③ 여성은 물고기 포즈에서 오른쪽 방향으로 270도 투르를 한 뒤 3번 방향을 향해 물고기 포즈로 마무리한다. 270도를 돌기 때문에 여성은 방향전환을 해서 반대쪽 물고기 포즈를 하게 된다. 이때 남성은 여성을 더 높이 위로 던져서 잡는다.

제비 포즈의 여성을 들어 올린 후
물고기 포즈로 마무리하며 한 바퀴 회전하는 리프트

① 여성은 1번 아라베스크에서 8번 방향으로 제비 포즈를 만든다(194쪽 사진 10-17 참고). 이후 남성은 여성을 위로 살짝 던진다.

② 이때 여성은 몸을 세워서 오른쪽으로 한 바퀴 회전을 한다. 팔은 3번 포지션을 하고, 다리는 5번 포지션으로 모은다.

③ 회전한 후에 여성은 3번 방향을 향해 물고기 포즈를 한다. 남성은 오른손으로 여성의 허리를 밑에서 잡고, 왼손으로 위에서 여성의 왼쪽 허벅지를 잡는다.

④ 물고기 포즈가 완성되면 남성은 여성을 리프트한 자세를 유지하며 한 바퀴를 돈다.

사랑의 환영과 날아오르는 감정 표현의 극치, 작품 속 리프트 장면

꿈이 이뤄진 순간이나 이제 막 사랑에 빠진 사람들의 감정은 '날아갈 것 같다'라는 말로 표현되곤 한다. 이 점을 시각적으로 가장 선명하게 보여주는 장면은 발레 〈로미오와 줄리엣Romeo & Juliet(1935)〉의 발코니 파드되가 아닐까 싶다. 여러 버전의 새로운 〈로미오와 줄리엣〉이 계속 탄생하고 있지만, 어떤 버전이든 사랑에 빠져 날아갈 듯한 이 둘의 감정은 발코니 파드되에서 다양한 리프트로 표현된다.

마린스키 버전과 케네스 맥밀런 안무작에서 주요하게 쓰인 건 로미오가 줄리엣의 허리를 밑에서 받쳐주면서 머리 위로 리프트하는 동작이다. 이 리프트에서 줄리엣은 바닥을 힘차게 밀어 올려서 위로 점프한 뒤 허리와 견갑골을 뒤로 젖히고, 로미오는 재빠르게 줄리엣을 들어 올린 뒤 양쪽 손가락 모두 줄리엣의 허리를 감싸안는 것을 확인할 수 있다. 특히 케네스 맥밀런 버전에서 두 사람의 격양되고 폭발된 감정을 드러내는 동작으로 이 리프트가 쓰인다. 마린스키 버전에서는 로미오가 1번 아라베스크 포즈의 줄리엣을 머리 위로 리프트하는 동작으로 격양된 감정을 표현했다. 이때 줄리엣은 오른쪽 무릎을 구부려서 왼쪽 종아리의 중간 부분에 발끝을 대고, 두 팔은 벌려서 마치 하늘을 나는 듯한 모습을 연출해낸다. 사랑에 빠진 순간의 감정을 형상화한 모습이라 할 수 있다.

존 크랭코 버전에서는 로미오가 줄리엣을 자신의 어깨 위에 앉히는 장면으로 감정으로 표현하는데, 이 부분은 이 파드되 말미에 발코니 위에 줄리엣을 앉히는 장면과 연결되면서 낭만적인 풍경을 자아낸다.

〈로미오와 줄리엣〉의 리프트들이 아름답고 설레기 때문에 오히려 슬픈 사랑의 환영을 어른거리게 한다면, 〈호두까기 인형The Nutcracker(1892)〉의 리프트는 기분 좋은 환상을 만들어낸다. 유리 그리고로비치 안무작에서는 호두까기 왕자와 마리가 하는 그랑 파드되 리프트가 환상의 정점을 찍는다. 호두까기 왕자가 한 팔을 머리 위로 뻗고 그 손 위에 마리가 걸터앉는 리프트, 왕자의 뻗은 두 팔 위로 마리가 둥글게 몸을 말아서 올라가는 리프트가 그것이다. 이때 호두까기 왕자가 마리의 고관절에 손을 붙여서 지탱하는 모습을 확인할 수 있다.

발레는 중력이 없다는 환상을 만들어내는 춤이다. 파드되의 강도와 난도 높은 기술의 발달과 훈련은 그 환상을 현실로 옮겨 놓았고, 기술을 통해 예술로 걸어 들어가도록 만들었다.

참고문헌

Николай Николаевич Серебренников, 『ПОДДЕРЖКА В ДУЭТНОМ ТАН
ЦЕ』, Ленинград:Искусство, 1969.

Serebrennikov, Nicolai, and Joan Lawson, 『The Art of Pas de Deux』, London: Adam
and Charles Black, 1976.

Serebrennikov, Nikolai N., Marian Horosko,『Pas de Deux: A Textbook on Partnering.
2nd ed.』, Gainesville: University Press of Florida, 1998.

Warren, Gretchen Ward, 『Classical Ballet Technique』, Foreword by Robert Joffrey.
Gainesville: University Press of Florida, 1989.

에필로그

파드되, 두 무용수의
완벽한 호흡이 만드는 무대의 마법

발레 무대에서 두 사람의 무용수가 함께 호흡하는 순간은 언제나 특별합니다. 손끝과 발끝, 시선과 숨결까지 모든 것이 함께하는 그 짧고도 긴 시간 안에는 수많은 훈련과 이해, 그리고 신뢰가 녹아 있습니다. 우리는 그것을 '파드되'라고 부릅니다.

1996년 국립발레단 단원 시절 당시, 저는 볼쇼이 발레단Bolshoi Ballet에서 지젤을 안무하러 오신 마리나 콘드라체바Marina Kondratieva 선생님의 클래스를 경험했습니다. 그때 국내에서 보던 수업과는 전혀 다른, 체계적이고 세밀한 리허설 지도 방식에 깊은 감명을 받았습니다. 그 순간부터 해외의 발레 교육법에 대한 호기심이 내 안에서 자라나기 시작했고, 이후 해외에서 공부하고 돌아온 무용수들의 연습과정을 지켜보며 더욱 관심이 커지게 되었습니다. 국립발레단 퇴단 후, 무용수가 아닌 지도자의 길을 생각했던 저는 주저 없이 러시아 바가노바 발레학교의 티칭 메소드 과정을 배우기 위해 러시아로 떠났습니다.

2002년 바가노바 발레학교로의 유학은 저에게 새로운 세계를 열어주었습니다. 클래식발레 메소드뿐만 아니라, 무용수의 기량과 예술적 표현을 키워주는 다양한 수업들이 커리큘럼에 포함되어 있었기 때문이지요. 그중에서도 한국에서는 경험하지 못했던 두 수업이 특히 눈길을 끌었는데, 히스토리 댄스와 파드되 수업이었습니다. 특히 파드되 수업은 그야말로 신선한 충격이었습니다. 남녀 학생의 비율이 일대일로 구성되어 모든 학생이 파트너와 함께 훈련하고, 3년에 걸쳐 체계적으로 동작을 습득하고 기량을 쌓아 올리는 훈련이었습니다. 이 체계적인 수업 과정이 부럽기도 했고 이 훈련을 통해 무대에서의 안정감, 표현력, 그리고 서로에 대한 신뢰가 자연스럽게 길러지는 것을 느끼기도 했습니다.

오늘날, 세계 유수 발레단에서 활약하는 한국 무용수들이 보여주듯, 우리나라 발레 기량 역시 수준 높은 단계에 와 있습니다. 하지만 그에 비해 체계적이고 자세하게 문서화된 안내서는 많이 부족한 것이 현실입니다. 저는 그중에서도 특히 '천상의 춤'이라고 불리며 관객을 사로잡는 파드되의 원리와 구조, 호흡의 기술을 습득할 수 있는 안내서가 필요하다고 느꼈습니다. 그래서 이 책을 기획하게 되었습니다.

《발레 파드되 클래스》는 파드되 전문서이지만 발레에 대한 열정을 가진 모든 사람을 위한 책이기도 합니다. 출간을 위해서는 발레 전공자만큼이나 발레에 대한 깊은 이해와 애정을 가진 작가를 찾는 것이 중요했습니다. 그러던 중 《발레, 무도에의 권유》 저자이자 발레 칼럼니스트인 이단비 작가님과 인연이 닿았습니다. 발레 파드되와 여러 2인무를 바라보는 이단비 작가님의 시선이 이 책이 전문 서적과 발레를 배우는 모두를 위한 안내서 사이의 균형감을 잃지 않도록 만들었습니다. 이 책이 탄생할 수 있도록 함께한 이단비 작가님께 깊은 감사를 드립니다.

이 책을 통해 파트너와 함께 춤추는 기쁨, 호흡이 하나로 이어질 때 탄생하는 무대의 마법을 발레를 사랑하는 모든 무용수들과 춤추는 사람들이 함께 느끼길 바랍니다.

2025년 9월
원자승 드림

에필로그

'좋은 춤'을 꿈꾸며, 글과 춤의 파드되

제 글은 자주 춤을 관통하며 춤의 흔적들을 잔뜩 묻히고서 나타납니다. 요즘은 제 글을 문학처럼 글 자체로 사랑받는 곳에 내어놓았으면 어땠을까 상상해보곤 합니다. 춤을 묻혀 내어놓아서 제 글이 춤 없이는 존재할 수 없게 만든 건 아닐까 미안해지기도 합니다. 그런데 돌이켜보니 문학은 삶을 관통해서 문장으로 쏟아내고, 춤과 예술의 사이를 누비는 제 글도 어느 순간 삶을 만나 문장으로 토해냅니다. 좋은 글이란, 삶 안에 켜켜이 들어가 있어서 솔직하게 마주 보게 되는 글, 내가 오롯이 들어가 앉아 있는 글이란 걸 느낍니다.

좋은 춤이란 무엇일까요. 좋은 글이 그렇듯이 좋은 춤도 진솔한 내면과 자기 자신을 만나는 춤이 아닐까 싶어요. 파드되는 2인무입니다. 혼자서는 존재할 수 없는 춤이지요. 그래서 어렵지만 그래서 아름다운 춤이 파드되입니다. 세상에는 여러 2인무가 있지만 특히 발레의 파드되는 기술적 훈련을 담보로 합니다. 다른 2인무의 경우 한 사람의 역량이 조금 부족해도 파트너가 그것을 충분히 품고 춤을 출 수 있지만, 발레의 경우 두 사람이 모두 혼자서도 온전히 자신의 춤을 소화할 수 있어야만 비로소 파드되로 만날 수 있습니다. 그래서 이 책은 기술을 연마하는 과정을 도와주는 내용으로 채워져 있습니다. 하지만 동작과 자세에 대한 글을 꺼내놓을 때마다 기술 너머의 예술, 움직임 너머의 호흡, 동작 너머의 사랑을 떠올렸습니다. 두 사람이 이 책을 통해 호흡을 맞추는 동안 기술 외에 진솔한 자신을 만나고 두 사람이 생각하는 '좋은 춤'을 만나지 않을까 설렜고, 쓰는 내내 글과 춤의 파드 되를 구경하며, 이 글을 통해 춤을 출 사람들을 상상했습니다.

중학교 1학년 때, 무용실 한편에서 줄리엣처럼 머리를 늘어뜨리고 포인 트슈즈를 신고 서 있던 선배 언니와 눈을 마주친 기억이 아직도 제 안에 선 명합니다. 발레는 그날부터 운명처럼 제 옆에 있었어요. 그리고 저는 춤을 추고 춤을 쓰는 사람이 되었습니다. 에로스는 '사랑하는 그것이 자기 것이 되기를 꿈꾸기' 때문에, 춤을 갖고 싶어서 이렇게 추기를, 쓰기를 멈추지 못 하고 있어요. 저는 발레를 배우면서 '아름다운 것'에 설레고, 그 아름다운 것 으로 저를 다지고 매만지며 '좋은 것'을 만나고, 급기야 제가 꿈꾸던 불멸의 '진리'에 가까이 다가가고 있다고 생각합니다. 돌아보니 발레는 제 안에서 진선미를 이끌고, 글을 쓰게 만드는 동인이었습니다.

글, 춤, 책, 발레라는 단어만 들으면 뇌가 가동을 멈추고 가슴이 뛰어서, 에로스의 빨간 구두가 제멋대로 춤을 춰서, 어찌할 겨를 없이 또 발레 책을 쓰게 됐네요. 《발레, 무도에의 권유》에 이어 이번에도 선뜻 발레 책을 출간 해 주신 출판사 클 여러분께 감사드립니다. 이 책은 이 책과 연결 지어진 사 람들과 제가 함께 추는 파드되였어요. 여러 가지 색깔의 파드되는 저를 들 여다보고, 어떤 삶을 살고 싶은지 알려준 의미 있는 춤이 되었습니다.

책을 마무리하며 꼬박 여름을 보냈습니다. 혹독한 겨울을 견디듯이 글 을 쓰다가 제 안에 있는 파릇한 여름을 안고 한 걸음 내딛습니다. 어느새 가 을이 되었네요. 이 책을 통해 춤을 추는 모든 분들이 여름처럼 빛나기를, 가 을처럼 풍성하기를, 그리고 자신의 '좋은 춤'을 만나기를 꿈꿉니다.

2025년 여름과 가을이 인사하는 길목에서
이단비 드림